Th. Bock, J. E. Deranders, I. Esterer
Im Strom der Ideen

In traditionellen Ratgebern wissen Experten,
was für Laien gut ist. Die »Rat!schlag-Reihe«
im Psychiatrie-Verlag
versteht Wissensvermittlung nicht als Einbahnstraße,
sondern als Ergebnis und Voraussetzung
neuer Formen der Zusammenarbeit –
zwischen Betroffenen, Angehörigen und Professionellen.
Der »große Ratschlag« erfordert ein Miteinander,
kein Gegeneinander oder Aneinander vorbei.
Die »kleinen Rat!schläge« finden Sie
in unregelmäßiger Folge
im Programm des Psychiatrie-Verlages.
Achten Sie auf dieses Zeichen.

Th. Bock, J. E. Deranders, I. Esterer

Im Strom der Ideen

Stimmenreiche Mitteilungen
über den Wahnsinn

Psychiatrie-Verlag

Die Deutsche Bibliothek – CIP-Einheitsaufnahme

Bock, Thomas:
Im Strom der Ideen: stimmenreiche Mitteilungen über
den Wahnsinn / Thomas Bock; J. E. Deranders;
Ingeborg Esterer. – Bonn: Psychiatrie-Verl., 1994
   (Ratschlag)
   ISBN 3-88414-157-0
NE: Deranders, J. E.:; Esterer, Ingeborg:

© Psychiatrie-Verlag, Bonn 1994
Titelbild: Frank Felbinger, Leipzig
Umschlaggestaltung: markus lau hintzenstern, Berlin
Gesamtherstellung: Clausen & Bosse, Leck

Inhalt

Psychose und Liebe

Doppelerfahrungen

Aspekte der Psychiatrie

Anhang

Im Strom der Ideen

Ströme, die über ihre Ufer treten, machen die Erde fruchtbar, aber sie können dabei auch Behausungen zerstören. Gedanken- und Ideenströme einer Psychose können zerstörerische Wirkung haben, aber sie können auch neue Aspekte des Lebens eröffnen.

Fortgerissen im Strom der Ideen. Weg von Gewohntem zu neuen Ufern: Die Idee des Psychose-Seminars lebt und macht Schule. Viele Psychose-Seminare sind inzwischen enstanden, die jeweils auf ihre Weise Psychose-Erfahrene, Angehörige und Psychiatrie-Mitarbeiter ins Gespräch bringen.

Und die Stimmen im Psychose-Seminar »strömen« weiter. Neue Themen wurden bearbeitet. Stärker noch als in »Stimmenreich« werden die Licht- und Schattenseiten einer Psychose deutlich: Psychose als Beeinträchtigung und als Erweiterung von Bewußtsein, als Ausdrucksmittel und als Störung von Kommunikation. Neu ist das Thema Liebe: Konsequenzen einer Psychose für die Partnerschaft, geschlechtsspezifisches Erleben, Wahrnehmungen von Kindern psychoseerfahrener Eltern...

Wieder kommen alle drei Gruppen authentisch zu Wort, haben gemeinsam das Buch erarbeitet und zusammengestellt. Weiter als zuvor vermischen sich die Perspektiven. Im Abschnitt »Doppelerfahrungen« kommen Menschen zu Wort, die mindestens zwei Erfahrungen vereinen: Nach eigener Psychose wieder psychiatrisch zu arbeiten, selber psychoseerfahren und angehörig oder als Angehörige Therapeutin zu sein.

Über das lebendige Echo auf »Stimmenreich« haben wir uns sehr gefreut und vor allem darüber, daß sich immer mehr Menschen ermutigt fühlen, ähnliches zu initiieren. Allgemein gesagt ist das sicher auch eine Frage der »historischen« Entwicklung und durch mindestens zwei Faktoren begünstigt worden:

- Nach einer Phase wissenschaftlicher Großmannssucht scheinen immer mehr Forscher reif für eine realitätsnahe Besinnung und in diesem Zusammenhang auch für die Wahrnehmung subjektiven Erlebens und seiner sozialen Bedingungen.
- Vor allem aber hat sich in der psychiatriepolitischen Landschaft eine Wandlung vollzogen. Nachdem die Profis sich schon lange organisieren und für sich zu sprechen gewohnt sind und auch die Angehörigen vor über zehn Jahren mit eigener Organisation nachzogen und sich freisprechen, haben nun auch die Psychiatrie- bzw. Psychose-Erfahrenen einen eigenen Verband als Sprachrohr. Nun erst ist die Basis geschaffen, sich annähernd gleichberechtigt zu begegnen, im psychiatriepolitischen Raum wie auch im Alltag.

Psychose-Seminare könnten ein Ort sein und werden, an dem die drei Gruppen Verständigung und Abgrenzung (!) üben und sich zugleich in ihrer jeweils spezifischen Form des »Frei-sprechens« auch bewähren müssen: Die Psychose-Erfahrenen haben im Seminar provoziert mit dem lebendigen Beweis, daß Psychosen nicht nur schrecklich sind. Sie werden zugleich zur Solidarität gefordert mit denen, für die das doch so ist bzw. für die die Schatten nicht zu übersehen sind. – Die Angehörigen haben im Seminar gezeigt, daß sie sich von Wissenschaftlern so leicht keine Schuldgefühle mehr machen lassen. Im Seminar steht ihr neues Selbstbewußtsein auf dem Prüfstand der Psychose-Erfahrenen. Und es besteht so manchmal die Chance, wechselseitig belastende Bedingungen des Zusammenlebens zu betrachten, ohne einseitige Zuweisung von Schuld. – Die Profis sind im Seminar schnell auf Normalmaß geschrumpft. Sie stehen jetzt vor der Aufgabe, ihr Wissen und ihre spezifische Erfahrung ohne Überheblichkeit, aber auch ohne Minderwertigkeitskomplexe einzubringen und sich nicht durch vornehm-bescheidenes Schweigen unangreifbar zu machen.

Dieses neue Bemühen um Dialog darf und kann nicht vordergründige Harmonie zum Ziel haben. Es geht vielmehr um die mühevolle Entwicklung bzw. das Wiederfinden einer gemeinsamen Sprache als Basis für offenen Streit um die künftige Psychiatrie.

Wir haben viele Zuschriften von Menschen bekommen, die sich im »Stimmenreich« wiedergefunden haben und sich ermutigt fühlten, zu ihrer Psychose-Erfahrung selbstbewußter zu stehen. Darunter waren viele Menschen, die mit Psychiatrie nie in Berührung gekommen sind. Diese Briefe haben wiederum uns Mut gemacht, weiter Material zu sammeln und weiter zu »trommeln« für den neuen Dialog/Trialog. Vor allem die Reaktionen haben uns zunehmend deutlich werden lassen, auf welcher Ebene der Sinn von Psychose-Seminaren zu suchen ist: Psychose-Seminare können schon aufgrund ihrer Größe nicht die einzelne Leidensgeschichte aufarbeiten helfen. Sie können eine Erzählkultur entwickeln. Geschichten nebeneinander stellen, sie wohlwollend und (manchmal) humorvoll aufnehmen und ihnen durch diese Art Öffentlichkeit an Schwere nehmen. Sie können der Abspaltung von Psychosen, ihrer Aussonderung aus der eigenen Lebensgeschichte entgegenwirken und eine banale Form von Sinnsuche begünstigen: Psychosen können so gesehen werden als letzte Insel des Rückzugs, als Versuch, Eigenheit zu wahren. Sie können eine vorübergehende Regression auf frühere Entwicklungsstufen ausdrücken oder Sprache sein für einen unauflöslichen Konflikt. Diese »Überschriften« mögen einen Wissenschaftler nicht befriedigen, doch haben sie offensichtlich für Psychose-Erfahrene und ihre Angehörigen eine entlastende Funktion. Vielleicht reicht manchmal sogar nur die Bereitschaft, Sinn zu suchen, aus, um sich weniger ausgeschlossen und besser integriert zu fühlen.

Wir möchten mit diesem zweiten Dokument unserer Verständigungsbemühungen noch mehr Menschen Mut machen, Foren wie das Psychose-Seminar in ihrer Nachbarschaft zu schaffen und sich über Grenzen hinweg freizusprechen. Dabei kann man ruhig mal darauf verweisen, daß solche Foren für die Aus- und Weiterbildung eine hohe Bedeutung haben können. Denn wo sonst erlebt man als werdende Fachkraft so hautnah die notwendige Verunsicherung des unbedingten Helfen-Wollens und so lebendig die »Verschränkung der Perspektiven«. Auch dieses Buch ist aus der Zusammenarbeit der drei Gruppen entstanden. Nicht extra mit Namen gekennzeichnete Beiträge stammen – als Protokoll aus dem Psychose-Seminar oder als Beitrag – von Thomas Bock. Der Name J. E. Deranders ist ein Pseudonym für viele psychoseerfahrene Autoren und bedeutet »Jede(r) anders«.

Wir haben einige neue Psychose-Seminare durch persönlichen

oder schriftlichen Austausch kennengelernt (s. auch Anhang) und sind überzeugt, daß wie die Psychose auch jedes Psychose-Seminar anders sein wird. Das Seminar in Bielefeld richtet sich an Therapeuten, Patienten und Angehörige einer Klinik. Kein Wunder, daß diese sich durch die Idee und die gemeinsame Erarbeitung eines Behandlungsvertrages (s. Kap. »Aspekte der Psychiatrie«) besonders herausgefordert fühlen. In Berlin-Kreuzberg kommen Menschen eines Stadtteils zusammen, deren Chance vielleicht im Unterschied zu uns Hamburgern darin liegt, sich aus vielfältiger Begegnung und Verflechtung schon zu kennen.

Vielleicht gewinnen Sie ja selbst genug Lust und Neugier, in einem Psychose-Seminar mitzuwirken oder ein solches zu gründen.

Lassen Sie sich mitreißen im Strom der Ideen.

Thomas Bock, Dorothea Buck, Ingeborg Esterer

Gewachsenes Selbstbewußtsein

>»Hätte Gott mich anders gewollt,
so hätte er mich anders gebaut.«
Fredi Saal
nach J. W. v. Goethe, Dichtung und Wahrheit

Hans Wimm

Ich bin stolz, verrückt zu sein!

Seit 1986 gelte ich als krank. Elfmal war ich deswegen im Krankenhaus. An fünf Gehirnwäschen kann ich mich erinnern. Haldol, Krämpfe, Akineton. Danach wußte ich nicht mehr, was mich belastet, also, warum ich eingeliefert worden war. Wie ein Kondensator lud ich mich wieder auf mit Informationen, die für mich so bedrückend wie nutzlos waren. Katastrophen, Krieg und Krisen. Bis meine Kapazitäten überlastet waren und die ersten Fehlerströme wieder flossen.

Seit frühester Kindheit gelte ich als zu sensibel, verhaltensauffällig und meinem Alter bedenklich voraus. In der Grundschule genoß ich Unterricht in der Ganz-Satz-Methode, als Vorbereitung zum Fassen komplexer Zusammenhänge. Ich mochte mich nie mit anderen messen. Mit vereinten Kräften ein Ziel zu verfolgen, erschien mir lebenswerter. Dem ultimativen »Ich« oder »Du« versuchte ich mich früh zu entziehen. Das hieß dann mangelnde Konfliktfähigkeit. Mit 15 hielt ich Referate zu: »Überbevölkerung«, »FCKW« und »Kernfusion«. Ich war gegen Atomkraft und Rüstung. Ich merkte, daß die Welt lange nicht heil ist. Ich spürte die Ratlosigkeit der Erwachsenen. Mit meinen Hinterfragungen wurde ich auf mich selbst verwiesen. Ich spürte eine bange Hoffnung, begründet in meiner Skepsis gegenüber den Verlockungen etablierter sozialer Anpassung.

Ich wurde mir meiner schon lange währenden Sehnsucht, mich dem Leben nicht stellen zu müssen, bewußt. Nun las ich zehn Bücher über Psi, also Parapsychologie. Ich wollte Kanzler werden. Hätte ich die Macht, würde ich ändern, was die ganze Zeit so schief lief. Doch das geht frühestens im Alter von 40 Jahren. Und bis dahin? Vorbereitung!

Seither glaube ich fest, daß ich es schaffe. Ich glaube an mich. Ich! Ich habe mir viel eingeredet. Manche Sachen sagte ich mir immer wieder. Ich wurde mir meines Bewußtseins bewußt. Ich spürte den Druck künftiger großer Verantwortung. Ich erweiterte mein Bewußtsein, denn ich hatte gelesen, womit das geht. Ich hatte Kontakt mit den verschiedensten Menschen und sammelte Meinungen, Ansichten, Auffassungen, Probleme und Situationen. Ich spielte ein verrücktes Spiel. Vermittels meiner eigenen Konditionierung ertrug ich lange die Belastung der großartigen Aufgabe, die Welt zu bewältigen. In einem »showdown«, ich war 20, versuchte ich, als mir zusätzlich zu den globalen auch noch meine eigenen Probleme über den Kopf zu wachsen drohten, in einem Akt größter Anstrengung in einem umfassenden Brainstorming dies alles endlich einer gründlichen denkerischen Lösung zuzuführen – unter der erstmaligen Zuhilfenahme von LSD. Seither bin ich ein Mann mit Preßwehen-Erfahrung. Daß man von der Droge verrückt werden kann, wußte ich. Mochte ich eben als lebendiges Mahnmal einer sterbenden Welt ein bescheidenes Dasein fristen.

Ich habe mich verschlissen. Ich habe mich aufgerieben. Ich habe viel Einsatz gezeigt. Ich habe mir große Mühe gegeben. Darauf bin ich stolz. Ich habe den Mut nicht sinken lassen. Wer soll den Ausbeutern von Natur und Mensch Einhalt gebieten? Ich habe versucht, mich darauf vorzubereiten. Darauf bin ich stolz. Ich kann NEIN sagen. Die Verhältnisse spitzen sich überall zu. Schon seit langem. Wer will da schon genau hinsehen? Wenn man sich das alles bewußt macht... Das ist ja zum Verrücktwerden.

Ich meine, daß jeder normale Mensch, der sich verantwortungsbewußt mit seiner – und damit unserer – gesamten Situation auseinandersetzt, ohne gehörigen emotionalen Ausgleich durch Liebesbeziehung oder Religion oder Entsprechendem ganz zwangsläufig verrückt wird. Ich habe diese Auseinandersetzung aufgenommen. Darauf bin ich stolz. Die Alternative wären Anpassung und Ignoranz gewesen. Statt dessen bin ich verrückt geworden. Ich bin stolz, verrückt zu sein.

Leonie S.

Psychose als Geschenk

Erfahrungen jenseits des Vorhangs

*Auf der Suche nach Erleuchtung steigt ein junger Mönch einen Berg-
pfad hinauf, weil er zu einem Weisen will, der dort oben lebt. Auf
seinem Weg bergauf trifft er einen alten Mann, der gerade herunter-
wandelt. Der Mönch bittet ihn, ihm etwas über Erleuchtung zu erzählen. Der alte Mann, der ein Bündel auf dem Rücken trägt, stellt
es einfach für einen Moment ab. Dann hebt er seine Last wieder auf
und setzt sein Weg ins Tal fort.*

Der junge Mönch verstand und wurde erleuchtet.

Dieses Abstellen der Last, das war für mich meine Psychose. Ich
habe sie als eruptive, sechs Wochen Tag und Nacht andauernde
Reise erlebt – in den schönsten Bildern und Farben, voller Trauer,
Freude, Lachen und Phantasie. Es war eine Reise durch meine Kindheit mit allen mir bewußten Figuren, mit Angst und Trauer *um* diese
Erde (gleichzeitig »Ich«), nicht *über* diese Erde – eine riesige bunte
Geschichte mit Atomverseuchung, Kriegen, KZ, Rassenproblemen
und Elend, aber auch märchenhaft schön mit Schutzengeln, Kindern auf fliegenden Teppichen, Hexen, Nixen und Elfen, Pharao-
nen, Jesus, Buddha, den Heiligen und den Sternen, die am Himmel
eine neue Ordnung erhielten.

Die Erde wurde geheilt in Frieden, es gab eine Weltsprache, die
die Kinder erfreute, denn sie war aus Reimen und Versen gemacht.
Die Menschen hatten sich wieder etwas zu sagen, es gab eine neue
Schrittfolge, um die Welt nicht ständig durch Hast aus dem Gleichgewicht zu bringen, und den Tag X, an dem dieser Weltfrieden für
mich, mit allen Helfern, vollendet sein mußte.

Ich konnte meine Geschichte zu Hause zu Ende träumen – zu
meinem Glück. Erst dann setzte die negative Seite der Psychose ein:
giftige Dämpfe, Gefahr – denn wie alle großen Liebenden und Heiler
war auch ich in Lebensgefahr (Zerfall und paranoide Vorstellungen).

Meinen ersten Psychose-Schub hatte ich ein halbes Jahr zuvor auf
Gomera. Ich habe mit mir völlig fremden Menschen, die einfach nur

»wahnsinnig« einfühlsam und lieb waren, diese Klippe überstanden. Keine Wahrnehmung von Gefahr, nur große Trauer und Erschöpfung. Dabei bin ich in die Psychose hinein und wieder heraus. Das spricht für mögliche heilende Umgebung in den Anfangsstadien. Ruhe, liebevolles Eingehen, keine Verwirrung durch andere Realität schaffen: Sie haben mir Kinderlieder vorgesungen, Sprachspiele gezaubert, mich versorgt, auf mich geachtet und mitgefühlt. Sie sind nicht auf die Idee gekommen, ich könne krank sein – nachträglich erfragt –, nur erschöpft und sehr sensibel. Vielleicht braucht man als Reisebegleitung durch den Wahnsinn die auch Ver-rückten. Wie Laing es beschreibt: Menschen, die gewohnheits- oder erfahrungsgemäß ein wenig hin- und hergehen können.

Die völlig Ent-rückten sind die Psychiater der »Normalität«. Sie sind wahnsinnig: »Dürfen es noch ein paar Pillen oder Spritzen mehr sein?« Stellen sich diese Psychiater eigentlich Fragen der Existenz? Sie machen die Kranken krank.

Heute: Psychose als Geschenk, als umfassende Erfahrung jenseits des Vorhangs, als Weiterwandern mit dem erweiterten Psychosebündel – wieder in dieser Welt.

Psychoseinhalte sind zumindest aus meiner Erfahrung engstens verknüpft mit der Lebenswirklichkeit des jeweiligen Menschen. Der Schlüssel ist nicht einfach zu finden, aber die Chancen dafür steigen, wenn die Psychose ganz gelebt werden kann. Schwierig sind hier natürlich suizidale Gefahrenmomente.

Gefahr damals: Kapitulation in dieser Welt, totaler Rückzug, Verlust der beruflichen Existenz, Fühllosigkeit und fehlende Emotionalität nach der Behandlung, langsamer Aufbau auf der Seite des »Hier und Jetzt« – schmerzhaft, lebensgefährlich.

Heute: Versuch der Integration des Erlebens mit Hilfe meines Arztes und Therapeuten und eines Zen-Lehrers. Beruflich stark befriedigende Arbeit in einer Gemeinschaft, die zur Gesundung beigetragen hat. Die Bilder sind noch vorstellbar und abrufbar, können aber selber keine psychotischen Inhalte mehr auslösen – ergreifen nicht mehr mich, sondern ich sie. (Ich muß lachen über die Angst anderer, wenn ich von den Bildern erzähle.)

Vielleicht ist meine Geschichte die eines Menschen, der besonderes Glück in einer besonders gefährdeten Lebenslage hatte – ich zumindest bin sehr dankbar.

Heidi Lindner

Sich finden in anderen

Die kranke Seele ist, wie ich aus meiner eigenen psychotischen Krankheit weiß, in ihrem Erleben oft diffus, ohne innere Struktur, manchmal chaotisch und von Wahnvorstellungen und Ängsten zerrissen.

Ich erinnere mich, daß ich mich wahnhaft in einer Situation sah, in der ein Rudel Wölfe über mich herfiel und mich zerreißen wollte. Sie schwängerten mich, und ich mußte Halbwesen, halb Mensch, halb Wolf austragen, die mich von innen her schmerzhaft auffraßen. Hinter diesem Bild vermute ich starke unbefriedigte und nicht verarbeitete sexuelle Wünsche, die ich in mein Unterbewußtsein verdrängt hatte, weil sie laut »guter Erziehung« nicht schicklich waren.

Mehrmals sah ich mich auch als Hexe verbrannt. Ich sah einen Scheiterhaufen aus Reisig aufgeschichtet, und ich sollte dorthin geführt werden. Furchtbar waren die Euthanasie-Ängste. Ich hielt mich für lebensunwertes Leben, das von Vernichtung bedroht ist. Ich war doch ein geistig-seelischer Krüppel! Eines Tages wäre ich doch ein Pflegefall! Ich taugte doch bestenfalls dazu, ein wenig Mitleid zu ernten. So fühlte ich mich jedenfalls. Ich konnte ja in gesunden Phasen zwischen den psychotischen Schüben erkennen, wie es um mich stand. Ich war doch ein einigermaßen intelligenter Mensch. Und dann immer wieder diese Zerstörung des Geistes in mir, dieser Zusammenbruch, der keine innere Klarheit aufkommen ließ! Es war eine einsam kalte Welt.

Treue Weggefährten

Doch heute weiß ich: Es waren Menschen da, die mich geliebt haben und die mich auf meinem schweren Weg durch diese Hölle innerlich begleitet haben. In meiner Dunkelheit habe ich das damals nicht erkannt, ich habe es erst viel später spüren können. Der treueste Weggefährte war mir mein Ehemann. Obwohl er selbst psychisch behindert ist, hat er in all den Höhen und Tiefen der vergangenen schweren Jahre fest zu mir gehalten, hat mir immer wieder Mut gemacht und unentwegt versucht, mein Selbstvertrauen zu stärken. Mit seiner Hilfe konnte ich mich schließlich aus den Labyrinthen der Psychose befreien und mir eine hellere Welt aufbauen.

Ausgehend von einem neu erreichten Ich-Zentrum konnte ich weitersuchen nach Strukturen im Kosmos, nach einem geordneten Weltbild, vielleicht sogar mit einem Zentrum darin. Aber gibt es überhaupt eine solche geistige Mitte?

Wiederleben in der Natur

Wir suchen gern nach dem Mittelpunkt in der Welt, weil wir glauben, daß uns das Halt und Sicherheit gibt. Vielleicht ist es schon ein wesentlicher Schritt, wenn wir auf dem Weg sind zu einem Weltbild, das einigermaßen geordnet und realistisch ist. Ich selbst weiß zu wenig über die Gesetze des Mikrokosmos und des Makrokosmos. Aber nachdem ich schmerzhaft die diffuse Welt in meiner eigenen kranken Seele durchlebt habe, bemühe ich mich immer wieder suchend, in meiner äußeren Welt, in der Welt des Kosmos, Ordnungen zu erkennen.

Vielleicht hilft da der Blick auf den rhythmischen Wechsel der Jahreszeiten. Regelmäßig ist da eine Wiederkehr, beginnend beim Eintauchen der Saat in den dunklen, bergenden Schoß der Erde, wo das Samenkorn in der Stille reift, später keimt und schließlich ans Licht drängt. Es ist eine Zeit scheinbaren Todesschlafes, dem das Frühjahr und der Sommer folgen als Zeit des Wachsens und Blühens, der üppigen Fülle, dem Ansetzen der Frucht. Und dann der Herbst, Zeit der Reife, des wehmütigen Abschiednehmens, des Lösens der Frucht, und wenn sie nicht vom Menschen geerntet wird, eine Zeit des Zurückfallens in die Erde, wo der gleiche Kreislauf nach ewigen Gesetzen neu beginnt.

Ich selbst lebe in einem Dorf, nahe am Wald, mitten zwischen Wiesen und Feldern. Hier kann ich diesen Kreislauf gut verfolgen und mitvollziehen. Ich bin fasziniert davon und bin selbst fast wie ein Stück dieser Natur, eingetaucht in ihren Rhythmus, der auch mich trägt.

Oder die grenzenlose Weite und Schönheit des Nachthimmels. So sieht es auch in meiner Seele aus – dieses Verlorensein in der Unendlichkeit. Der nächtliche Sternenhimmel ist ein Spiegelbild meiner inneren Welt. Auch hier in der lautlosen Weite kann der Mensch sich selber finden, wenn er in die Stille hineinhorcht. Hier kann er erleben, wie winzig er ist und trotzdem einmalig wie ein Stern.

Dieses Getragenwerden und das Bewußtsein von Leben und Tod und Wiederleben in der Natur hat mir ein Stück Geborgenheit und Frieden geschenkt und meine Seele ein Stück gesunden lassen. Mit unserem Hund machte ich täglich lange einsame Spaziergänge durch den Wald. Diese nutzte ich, um mein bisherigen Leben zu ordnen und nach Hintergründen und Ursachen für meine geistig-seelischen Verwirrungen zu suchen. Zu Hause schrieb ich anschließend alles auf. So gewann ich mit der Zeit immer mehr eine geordnete Struktur in meinem Innern. – Der erste Schritt war getan.

Wege aus der Isolation

In meiner psychotischen Vorstellungswelt fehlte mir ein erkennbares Ich-Zentrum und auch ein tragfähiges Selbstbewußtsein. Ich wollte eigentlich gar nicht ich selbst sein. Ich fühlte mich minderwertig, niemand hatte mir so recht Mut zu mir selbst gemacht.

Gerade deshalb wollte ich vielleicht auch etwas ganz Besonderes sein, herausgehoben aus der Masse der Mittelmäßigen. Ich floh in eine irreale Scheinwelt und sah mich überhöht als Ideal-Person. So idealisierte ich allerdings auch einige meiner Mitmenschen, die mir besonders wichtig und wertvoll waren.

Echte Kontakte aber fehlten mir. Ich suchte Freunde, die mich verstanden, die mit mir über meine Probleme sprachen, die mir die äußere Welt und die unverständliche Welt in meinem Innern erklärten, die meine Interessen teilten, die sich mit mir freuen und mit mir weinen konnten. Aus meinem eigenen Verschlossensein heraus fand ich diese Freunde nicht. Ich war ja in meine Ängste und Wahnideen versponnen und konnte auch nicht von mir aus über meine irreale Welt sprechen.

Ich projizierte meine Denk-Schablonen von Ideal-Typen oder auch von Negativ-Typen auf meine Mitmenschen und konnte sie nicht so sehen, wie sie eben sind, mit positiven Zügen und auch mit Schwächen wechselweise durchzogen.

Ich glaube aber, daß der Weg zum eigenen Ich auch über die lebendige Auseinandersetzung mit dem Du führt. Nur wenn ich den anderen mit seinen speziellen Wesenszügen erkannt habe, mit seinen Schwächen und seinen Stärken, kann ich ihm gegenübertreten und mich selbst in ihm wie in einem Spiegel erkennen. Fremderkenntnis und Selbsterkenntnis durchdringen und befruchten sich gegenseitig.

Allerdings ist ein solch intensives Eintauchen und Sich-Finden im anderen mit dem Erleben eines beglückenden Gemeinsamseins wohl erst möglich, wenn der Mensch in früheren Phasen seiner Entwicklung auch die Tiefe und den Schmerz seiner eigenen Einsamkeit erlebt hat. Es gibt solche Phasen in der Entwicklung jedes gesunden Menschen, in denen er sich verstärkt loslöst von den Menschen seiner Umgebung und hineintaucht in die fremde Welt seines Innern. Dort ist er ganz allein.

Diese Phasen sind für unser geistiges Reifen wichtig. Voraussetzung ist, daß der Mensch nach einer solchen Phase wieder auftaucht aus der Einkehr in sein Ich, um nun seine Außenwelt wieder aufzunehmen. Auch die kranke Seele kennt solche Einkehr und verstärkte Einsamkeit. Bei ihr ist das Gefühl der Loslösung und Verlassenheit noch intensiver. Kontakte nach außen sind für sie nicht selbstverständlich.

Der seelisch kranke Mensch ist in seiner isolierten Wahnwelt abgekapselt wie in einer kleinen, einsamen Weltraumstation. Seine Welt ist kalt und unwirklich, steril und fremd.

Aber er braucht zur Heilung die Welt von draußen! Er braucht nicht nur Medikamente, er darf nicht noch mehr abgeschirmt werden, er darf nicht in die anonyme, sterile Apparatewelt der Kliniken abgeschoben werden, sondern muß eingegliedert werden in die Gemeinschaft von Menschen, zunächst Ärzten und Therapeuten, die ihn zuallererst als entwicklungsfähige Persönlichkeit sehen. Er braucht einen möglichst natürlichen, vielgestaltigen Alltag mit vielen Kontakt- und Gesprächsmöglichkeiten zu anderen Patienten, ausgehend von Themen des alltäglichen Umgangs bis hin zu schwierigen innerseelischen Problemen.

Nur das kann den Panzer der wahnbedingten Isolation sprengen. Dann wird das Weltbild allmählich klarer und realistischer. Das Selbstbewußtsein wächst. Ein Weg zu Kontaktbereitschaft, Bindungsfähigkeit und echter Liebesfähigkeit wird geöffnet.

Der Weg zur Heilung wird frei.

Susanne Hättich

Sprache der dritten Art

Meine Psychose hat eine lange Vorgeschichte. Während des Klinikaufenthaltes hatte ich unendlich viel Zeit zum Nachdenken, warum ich zum Ausdrucksmittel Psychose gegriffen habe und was ich eigentlich damit erreichen wollte.

Bis zum akuten Ausbruch, dem offensichtlichen Wahn, war eine lange Zeit des »Hilferufens« vergangen. Diese Phase hatte auch wiederum eine lange Vorlaufzeit, die ohne psychotische Anklänge ablief – meine immer schon problematische Ehe.

Mein Mann hatte diese Ehe niemals wirklich begonnen. Er ließ mir alle Freiheiten, ich durfte alles machen, nur eines nicht: ihn in die Aktivitäten mit einbeziehen oder mich mit der Bitte um ein Gespräch an ihn wenden.

So lebte ich ein doppeltes, aber einsames Eheleben. Nach drei Jahren traf ich zum erstenmal den Entschluß der Scheidung. Mein Mann reagierte gar nicht darauf. Als der Gerichtstermin feststand, versprach er hoch und heilig, sich zu ändern und sich Gesprächen zu öffnen. So zog ich die Scheidungsklage zurück – die »Problemgespräche« fanden jedoch nie statt.

Wie eine Närrin hoffte ich auf eine Änderung seines Verhaltens. Vergeblich.

Ich begann eine Therapie. Ich wollte mich verändern und hoffte, daß sich dann auch mein Mann ändern würde. Während der Therapie zog ich aus der gemeinsamen Wohnung aus, und mein Mann wurde gesprächiger, wenn wir uns sahen. Wir fanden wieder zueinander, und ich hoffte weiterhin auf eine gemeinsame Ehe.

Ich wurde schwanger. Wir zogen wieder zusammen. Meinem Mann war die Schwangerschaft unheimlich, und so ließ er mich auch dabei allein. Obwohl wir glückliche und liebevolle Eltern waren, schlich sich der alte, schmerzliche Zustand wieder ein. 1982 bekamen wir unser zweites Kind. Von außen betrachtet führten wir eine wunderbare Ehe mit zwei wundervollen Kindern. Mein Mann schien der liebevolle Vater und verständnisvolle Ehemann, der es

22

mir ermöglichte, meinen Interesse nachzugehen. Während der dritten Schwangerschaft wurde mir klar, daß diese Ehe als Ehe zu Ende war. Es war nur noch eine Wohngemeinschaft mit drei Kindern. Trotz vieler Freunde fühlte ich mich seelisch isoliert. Ich sprach aber nicht darüber – das war ein Fehler. 1989 kauften wir ein Haus. Vorübergehend hatten wir wieder Gesprächsstoff. Dann erkrankte der Vater meines Mannes schwer, und seine Mutter hätte ihn am liebsten ganz für sich behalten in dieser schweren Zeit. Als nach seinem Vater kurz nacheinander auch noch sein Onkel und sein Großonkel starben, zog sich mein Mann völlig von mir zurück. Es gab keine gemeinsame Trauerarbeit. Er ließ sich nicht beim Trauern begleiten. Wir lebten unter einem Dach in zwei Welten. Ich fühlte mich grenzenlos einsam und verlassen. Wir sprachen über vieles, aber nicht miteinander. Es war Sommer 1991.

Der Märchenprinz des Wahnsinns

Jetzt begann die Phase der Psychose.

Mit einem harmlosen Brief an einen flüchtigen Bekannten nahm das Schicksal seinen Lauf. Ich schrieb von Problemen, allerdings noch ganz harmlos. Was ich damit für mich einleitete, konnte ich nicht ahnen. Der Bekannte hat mir nie auf diesen Brief geantwortet. Ich hatte plötzlich das Gefühl, die ganze Welt wisse von meinen Problemen und die ganze Welt antworte mir. Alle wüßten, daß ich meinen Mann verlassen wollte. Die »Welt« machte mir klar, wie schändlich mein Vorhaben wäre, meinen Kindern ihren Vater wegzunehmen. Alles wurde bedrohlich für mich. Ich sprach mit meinem Mann darüber. Er wollte weder gehen, noch konnte er meine Ängste verstehen.

Meine Zwiespältigkeit war entsetzlich. Irgendwo gab es einen »Märchenprinzen«, der mich liebte und mich aus dieser Ehe holen würde – aber zu einem Preis, der für mich zu hoch war – den Verlust meiner Kinder. Lieber wollte ich weiter als ungeliebte Ehefrau für meine Kinder dasein.

Ich konnte nichts mehr essen, alles um mich herum befand sich im Chaos – mein Märchenprinz wachte eifersüchtig über meine Gefühle und brachte mich um den Schlaf. Alle Welt wußte, daß ich gehen wollte, nur mein Mann verstand mich nicht.

So versuchte ich, ihm auf eine völlig neue Art unsere Beziehung zu erläutern. Es begann mein Dialog der dritten Art – die Psychose.

Mein Leben entsprach dem Film »Rosemary's Baby«. Aber ich war nicht gut, sondern für alles Böse verantwortlich. Der Verfolgungswahn setzte ein. Alles um mich herum war dämonisch.

Mit Freunden sprach ich jetzt über meine Ängste. Sie setzten sich mit mir auseinander und redeten mir die Ängste aus. Ein befreundeter Arzt meinte, ich bräuchte Ruhe, und verschrieb mir Haldol. Ich wollte es aber nicht nehmen.

In den Nächten kamen die Ängste wieder. Ich weckte die Kinder, behängte sie mit Ketten und bat meinen Mann, endlich, nach 18 Jahren, den Ehering zu tragen. Ich wollte damit den Gespenstern demonstrieren, daß wir alle zusammengehörten. Symbole schienen mir der einzige Ausweg zu sein.

Meine Sprache veränderte sich plötzlich, und ich redete in Versen. Meinem Mann wurde ich immer unheimlicher. Einmal sagte er, so müßte Zungenreden sein. Trotz des inneren Gefühls, wie von Sinnen zu sein, wußte ich immer, was ich sagte und was ich tat.

Doch wußte ich nicht mehr, ob es besser wäre, wenn ich ginge oder bliebe. Wenn ich ins Krankenhaus ginge, verlöre ich meine Kinder – also mußte ich bleiben!

Ich fügte mich in mein Schicksal und wollte die Ehe nicht mehr auflösen. Mein Mann trug ja jetzt auch den Ehering.

Mein Mann lebte zwar neben mir, aber im seelischen Bereich waren Lichtjahre zwichen uns. Ich fühlte mich wie eingefroren in der Hölle. Kein Mensch sprach mit mir, nur die Symbole und Zeichen der Welt waren da.

Ich verzweifelte noch mehr darüber, daß mein Mann, der mich doch eigentlich am besten kennen mußte, die Zusammenhänge zwischen uns und der Welt auch nicht sah. Wenn zwischen uns keine Gefühle mehr waren, erfüllten Gleichgültigkeit und Haß auch die übrige Welt. Die Liebe starb für die anderen auch. Ich fühlte mich dafür allein verantwortlich. Ich hatte die Liebe getötet.

Um doch noch dieses Gefühl für andere zu retten, mußte ich zu dem »Märchenprinzen« gehen. Wer das war, wußte ich damals allerdings noch nicht. Ich war ausgeliefert und mußte mich opfern. Die Kinder würde ich verlieren, das wußte ich, aber sie konnten nur ohne mich das Gefühl der Liebe unter den Menschen kennenlernen.

Ich wollte mich der »Zwangsliebe zum Märchenprinzen« ergeben. Hatte ich meinen Mann nicht auch gezwungen, mich zu lieben? Nun war es an mir, mich so einer Zwangsliebe unterzuordnen. Der »Märchenprinz« war der Wahnsinn, der in der Unendlichkeit des Nichts lauerte. Aber das wußte ich damals noch nicht.

Nun begann es ganz schrecklich zu werden. In meiner Not telefonierte ich mit Anrufbeantwortern, deren Ansage mich wiederum in Panik versetzen. Ich wußte, alles, was ich machte, war falsch. Aber ich mußte etwas tun. Ich war das personifizierte Unglück. Aber irgendwie mußte ich die Götter, Dämonen und Ufos gnädig stimmen, damit die Liebe nicht von dieser Erde verschwand. Die eigene Verdammnis und die ewige Finsternis wollte ich auf mich nehmen. Wenn ich schon keine menschliche Liebe erfahren durfte, dann wenigstens andere.

Der Segen des Bösen

Die Situation eskalierte. Der Wunsch, alles zu vergessen, wurde immer stärker. Ich wollte die Verantwortung nicht mehr tragen. Ich hoffte, daß mich endlich jemand erschießen würde. Es sollte aufhören! An Selbstmord dachte ich jedoch nicht.

Nun war ich bereit für das Krankenhaus. Sollten sie mir doch endlich mein Gehirn austauschen. Es konnte ja nur ein Gehirntumor sein, denn über mir explodierte eines Tages eine Glühbirne, und mein Sohn sagte: »Mama, da war wohl der Teufel drin.« Das gab mir den Rest. Nun hatte mir das Böse seinen Segen gegeben.

Es ging nicht mehr weiter. Wir brachten die Kinder zu Freunden und fuhren zur Klinik. Dort fühlte ich mich wie ein Tiger im Käfig. Ich wollte wieder raus. Ich sagte mir, wenn ich jetzt durchdrehe, ist alles aus. Ich fragte meinen Mann, ob er es wirklich wollte, daß ich eingeschlossen würde. Er sagte zögerlich nein. So bekam ich nach Rücksprache mit dem Professor ein Bett auf der halboffenen Station. Für mich war es wie ein kleiner Sieg über das Böse, daß ich nicht weggeschlossen wurde.

Dann wurde die Medikamentenzusammenstellung – mit den üblichen Neuroleptika und Angstlösern – besprochen. Der Professor meinte, ich würde die letzte Zeit schon vergessen. Alles andere wäre nicht so wichtig. Über meine Erlebnisse und vor allem über die

Sprachlosigkeit meines Mannes konnte ich nicht mit ihm sprechen. Für ihn war die Diagnose klar: schizoaffektive Psychose, genetisch bedingt und deshalb zwangsläufig ausgebrochen. Mein Mann hatte gar nichts damit zu tun. Würde ich darüber sprechen, würde alles wieder erneut ausbrechen.

Meine Visionen und Ängste hörten trotz der Medikamente nicht auf. Die Dosis wurde erhöht. Außer der Visite hatte ich keine weitere Begleitung und grenzenlos viel Zeit. Irgendwann habe ich dann wohl einsichtig genug gewirkt, daß meine Krankheit eben ein genetischer und kein Fehler in der Beziehung war – ich durfte wieder nach Hause. Ich hoffte, daß sich zwischen mir und meinem Mann etwas ändern würde – aber es entstand keine neue Nähe.

Ich muß mich endlich enttäuschen

Die akute Psychose ist inzwischen fast zwei Jahre her – vor sechs Monaten habe ich das Trennungsjahr beantragt. Die einzige Reaktion meines Mannes: »Ist das dein Ernst?« Sonst nichts, kein Gespräch über die Zukunft der Kinder oder die Aufteilung des Hauses. Jetzt leben wir getrennt, obwohl wir uns noch immer begegnen. Zwischen uns steht das Schweigen. Durch das Schweigen habe ich die Sprache der dritten Art erlernt. Ich wollte auf mich aufmerksam und meine Gefühle verständlich machen. Aber es hat nichts gebracht. Mein Mann schwieg, und mein Wahn schrie mich an.

Es ist nicht einfach, die Sprache der Psychose wieder zu verlernen. Ich weiß durch immer wieder auftretende kleine psychotische Anfälle, daß der Wahnsinn ein grauenhafter Märchenprinz ist, der mir die Trennung nicht leicht macht. Immer wenn ich Gefühle spüre und mich auch dazu stelle, zieht sich wieder das Lasso des Wahnsinns um meinen Hals. Dadurch bin ich nicht gerade ein einfacher Mensch. Aber heute weiß ich – es sind Hilferufe: Ich möchte so angesehen werden, wie ich bin. Ich will nichts mehr einsehen, sondern auch angesehen werden. Sonst fühlt man sich wie ein Nichts und flieht in die Arme des Märchenprinzen.

Der Wahn ist eine Sinnestäuschung. Ich muß mich endlich enttäuschen. Ich wünsche mir die Kraft, das endlich durchzuhalten und mich nicht von Halluzinationen wieder gefangennehmen zulassen.

Karoline Holderbusch

Vom Chaos
zur schöpferischen Ordnung

Spuk

Ich kann natürlich nur über mich sprechen.

Meiner psychotischen Dekompensation war eine langjährige analytische Psychotherapie vorausgegangen. Schon während dieser Therapie kam es immer wieder zu Überschwemmungen meines Realitätsbewußtseins durch unbewußte Inhalte. Realität war mein Dasein als lernende, wißbegierige, wissenspeichernde, z. T. auch praktisch tätige, angehende Ärztin. Das Unbewußte waren meine Phantasien, meine Ängste, meine lebhaften drängenden Tag- und Nachtträume. Ein Gebiet des Übergangs, wo Unbewußtes in die Realität fließen konnte und konstruktiv Form gewann, war meine künstlerische Betätigung.

Es kam jedoch während dieser Zeit nie zu einer Ich-Stabilisierung. Immer war ich unsicher, schwankend, zerfließend, träumerisch und labil. Ich konnte mich nicht in der Realität verwurzeln. Über mir fühlte ich ein drohendes Schwert schweben. Dieses Schwert hieß »Schizophrenie« und war hauptsächlich meine eigene Diagnose. Und plötzlich war alles gleichzeitig zu Ende: Mein Studium – ich war jetzt Ärztin –, meine Therapie – meine Therapeutin glaubte nicht mehr an einen Erfolg – und eine Beziehung zu einem mir wichtigen Kommilitonen. Das Alte war vorüber, und etwas Neues noch nicht vorhanden. Es entstand eine Leere, ein drohendes schwarzes Loch. Jetzt würde die Psychose zupacken, jetzt hatte sie mich endlich in der Hand.

Ich hatte rasende Ängste, konnte nachts nicht schlafen. Ich fürchtete mich vor meinen Träumen, die einen katatonen Zustand ankündigten. Ich war so unter Spannung, daß ich draußen herumlaufen mußte, nachts auf den Wiesen tanzte, mich auf den Boden preßte, im Dunkeln am Teich mit den Schwänen sprach – immer in dem Bewußtsein, verrückt zu sein oder zu werden. Mich trieb die Angst vor der Grenzenlosigkeit und der Auflösung meiner Person, vor der Schizophrenie als lebenslanger Krankheit.

Meine Vermieterin und ein Psychiater, den ich konsultierte, gaben mir den entschiedenen Rat, ich solle mir eine Arbeit suchen. Und tatsächlich wurde ich in einer Kinderklinik angestellt, um mit den Kindern Hausaufgaben zu machen. Doch das ging nicht lange gut. Ich war mit den verhaltensgestörten Kindern überfordert, fiel als merkwürdig auf, war unzuverlässig und konnte Verabredungen nicht einhalten. Ich selber hatte das Gefühl, plötzlich nicht mehr rechnen und schreiben zu können. Ich war mir unsicher, ob 1 plus 1 wirklich 2 ergibt, und traute mir noch nicht einmal mehr das Alphabet zu.

Ich war ein völlig veränderter Mensch und erkannte mich selbst nicht wieder. Schließlich wurde ich mit den Worten entlassen, ich solle jetzt endlich aufhören, »hier herumzuspuken«.

Die Therapeutin

Mein Anlaufpunkt war weiterhin meine Therapeutin. Zu allen erdenklichen Zeiten rief ich bei ihr zu Hause an, stand vor ihrer Haustür mit einem Korb voll Fischen, Brot und Wein, spürte sie unterwegs auf. Ich fühlte mich von ihr magisch angezogen und hatte ein Organ entwickelt zu erahnen, wann sie sich wo aufhielt.

Ich war davon überzeugt, sie wolle meinen Wahn durch Meditation heilen. Unter dem Einfluß der heilenden Kräfte der Meditation hatte jedes Wort, jede Handlung, jede Bewegung, jeder Weg eine hohe symbolische Bedeutung. Alles durfte nur geschehen, wenn es in ein großes überirdisches Gesamtkonzept paßte. Doch ich durchkreuzte immer wieder diese transzendenten Pläne, lebte in der Zerstreuung anstatt in äußerster Konzentration.

Ich hörte die Stimme meiner Therapeutin in mir. Ich glaubte, ihre unermüdliche hin- und herpendelnde Zunge versetze die Glocken der Marienkirche in Schwingung. Diese hätten die Kraft, meine Beine zu bewegen. Der Mund meiner Therapeutin war schon ganz trocken, zeitweise befürchtete ich, sie habe Zungenkrebs mit Knochenmetastasen. Die Stimme meiner Therapeutin gab mir weiterhin Aufträge, doch ich konnte diese nicht ausführen. Darüber erfaßte mich eine tiefe Verzweiflung, und ich wurde handlungsunfähig.

»Fahr zu Kassapa, der weiß Hilfe, schnell!« sagte eines Tages die Stimme meiner Therapeutin. »Ich kann nicht mehr, du mußt alleine weiter. Ich lasse dich jetzt los.« Ich war aufgerüttelt, erschreckt und verwirrt, aber ich spürte diese glühende Erde in mir, die meine Therapeutin und mich zusammenhielt. Ich ahnte, daß es in uns Menschen etwas gibt, was uns verbindet, die Stimmen der Intuition oder des Geistes, die alle in Verbindung sind in einem großen weiten Raum.

Zitternd vor Aufregung und Eile packte ich Schlafsack, Fahrradwerkzeug und ein paar Utensilien in meinen Rucksack und fuhr mit dem Fahrrad Richtung Roseburg. Dort im »Haus der Stille«, einem buddhistischen Meditationszentrum, wohnte Kassapa.

Ein eigenartiger Schmerz breitete sich in meinem Gehirn aus. Ich spürte deutlich meine äußere Hirnschale direkt unter dem Schädeldach. Ich schien nur aus dieser dünnen Schicht zu bestehen. Dort war auch mein Atem.

Während ich weiterfuhr, rutschte er tiefer, und ich begann langsam, mich sicherer zu fühlen. Plötzlich erreichte mich von vorn Kasspas Stimme. Ich nahm Kontakt zu ihm auf und wurde zu seiner Schülerin. So wurde mir klar: Er würde mit mir meditieren, bei Wasser und Brot müßte ich in einem kahlen Raum Blatt für Blatt meinen Lebensplan entwerfen, so lange, bis ich wieder gelernt hätte, mich zu konzentrieren. Ich fragte Kassapa, wieso ich seine Stimme hören könne, und er antwortete: »Das sind Stimmen aus dem Unterbewußtsein, die uns alle verbinden. Es ist sowohl deine als auch meine Stimme.« Die Stimme sagte, der Weg sei Symbol für meinen Lebensweg, es sei der Weg zum Vater, und über diesen erreiche ich mein Lebensziel, die Einheit von Körper, Geist und Seele. Plötzlich verstand ich den Sinn meines Lebens. Ich müßte zum göttlichen Vater finden, auch ein positives Vaterbild entwickeln. Letztendlich würde ich dann zu einer einheitlichen Persönlichkeit werden. Doch zuerst müßte ich zu Kassapa, viel von ihm und mit ihm lernen. Es wurde eine rechte Irrfahrt. Die vielen Ortsnamen hatten alle symbolische Bedeutung, lösten verschiedene Gefühle und Vorstellungen in mir aus, die ich nicht einordnen konnte, von denen ich mich aber spontan leiten ließ. Ich fuhr hin und her. Am Wegweiser »Schwarzenbek« z. B. stellte ich mir etwas schweinisch Finsteres vor, so daß ich auf jeden Fall umkehren müßte.

Das Ziel Roseburg, mein Rosengarten, vielleicht sogar der Garten Eden, erschien mir unerreichbar.

Ich brauchte zwei Tage, bis ich dort ankam.

Müde klingelte ich am »Haus der Stille«, und Kassapa öffnete tatsächlich. Alles war ganz anders, als ich es mir vorgestellt hatte. Die ganze Zeit hatte ich doch seine Stimme gehört, und er war mir nah und vertraut gewesen. Ich war überzeugt, er wüßte das und warum ich käme.

Er jedoch wußte nichts.

Zuerst konnte ich nicht sprechen, doch dann platzte es aus mir heraus: »Ich habe einen Wahn.« Mehr konnte ich nicht erklären. Aber Kassapa fragte auch nicht danach.

Die Nacht durfte ich in einem Kellerraum verbringen, und morgens sattelte ich wieder meinen Drahtesel, um in der gleichen Irrfahrt wie am Vortag nach Hause zurückzukehren.

Ich wußte, ich war verrückt, verwirrt, zu schwach, meinen Lebensweg in geordneter Weise zu gehen und mein Lebensziel durchzusetzen.

Später, schon in der Psychiatriezeit und nach der Entlassung, entwickelte sich eine Freundschaft zwischen Kassapa und mir. Aber alles verlief irdisch und gewöhnlich. Bedeutsam für mich war, daß er im Gegensatz zu mir und meiner Umwelt meine Krankheit nicht nur negativ und als Katastrophe sah. Er riet mir, diesen Einbruch annehmen zu lernen als einen Teil von mir. Wer wisse schon, welche Entwicklungsanstöße in ihm lägen.

»Hosen-runter-Psychiatrie«

Am 27. Februar kam die Polizei – irgendein Nachbar hatte sie gerufen – und brachte mich mit Gewalt ins Landeskrankenhaus. Ich leistete keinen Widerstand, rief aber immer wieder: »Das werden Sie noch bereuen!«

Der Psychiater in der Klinik fackelte nicht lange: Hosen runter und zwei Spritzen in den Po. Er kam mir wie ein übermächtiger Magier vor, der mir den Hintern versohlte. Ich hatte furchtbare

Angst. Es war ein Schaltjahr, und ich dachte, der 29. Februar sei der Tag, an dem ich ausgeschaltet werden sollte.

Der Badezimmerstuhl war für mich der elektrische Stuhl, auf dem meine Hinrichtung vollzogen werden sollte. Ich hatte große Schuldgefühle, machte mir Vorwürfe, daß meine Therapeutin, Kassapa und alle anderen durch mich zu Schaden gekommen seien. An den Blumen am Fenster las ich das Schicksal der mir nahestehenden Menschen ab. Die weißen standen für die, die wegen mir gestorben waren, die violetten für die, die wegen mir und unter mir litten. Draußen das Schild Pathologie. Ich wartete darauf, daß ich heruntergerufen würde, um ihre Leichen zu sezieren.

Erst nach drei Tagen kam ich wieder zu mir. Die anderen sagten, ich hätte geschlafen. Meine Uhr zeigte den 1. März – und ich lebte noch!

Ganz tief in mir spürte ich das intensive Gefühl: Du bist zwar schuldig, aber trotzdem hast du das Recht zu leben.

Aus dem Gefühl des Trotzdem gewann ich Kraft. Die innere Umkehr hatte in mir von selbst stattgefunden. Dieses trotzige Lebensgefühl war ein erstes Zeichen dafür. Zu essen begann ich, als eine Mitpatientin sagte: »Bei den ganzen Verrückten würde ich auch keinen Bissen runterkriegen, komm, wir setzen uns hier ins stille Eckchen.« Dort biß ich dann von meinem Brötchen ab. Mittags bekam ich durch die Neuroleptika furchtbare extrapyramidal-motorische Krämpfe und wand mich wie ein Wurm. Das erschreckte mich sehr. Ich wollte leben und stopfte trotz der Krämpfe das ganze Essen in mich hinein.

Lange konnte ich keine Zeitung lesen oder fernsehen, weil ich immer das Gefühl hatte, persönlich gemeint zu sein. Diese Symptome verblaßten langsam und verschwanden irgendwann ganz.

In täglichen Gesprächen sorgte der Psychiater, der mir die Spritzen gegeben hatte, dafür, daß ich mich wieder für die äußere Realität interessierte und dort einkehrte. Er nannte das »In der Realität verwurzeln« und sagte kurz und knapp: »Jetzt ist Schluß mit der Nabelschau.« Und so war es.

Ich sprach viel über mein Psychoseerleben und versuchte, Wahn und Wirklichkeit voneinander abzugrenzen. Sehr langsam, Schritt für Schritt, gewann ich meine zerstörte Selbstsicherheit zurück.

Es ging zu allererst darum, wieder die Freiheit der Verantwortung für mich selbst zu übernehmen und den eigenen Weg wieder bestimmen und gehen zu können. Der Psychiater hatte mir anfangs die Vergewaltigung durch die Spritzen und das Einsperren auf der geschlossenen Station so erklärt, daß er mich zunächst entmündigen würde, um mir die Verantwortung für mein Leben abzunehmen. Dann könne er sie mir stückchenweise wieder zurückgeben. Er ließ mir viel Freiheit. Anfangs durfte ich nur zur Beschäftigungstherapie und zum Klavierspiel die Station verlassen, später auch zum Spazierengehen in der Stadt.

Eines Tages sagte der Psychiater: »Wenn Sie mutig sein wollen, gehen Sie dahin zurück, wo Sie gescheitert sind.« Mit seiner Unterstützung ordnete ich einige Dinge und bewarb mich um eine Hospitationsstelle in der Kinderklinik. Er bestand allerdings auf eine langfristige medikamentöse Einstellung mit einem Neuroleptikum.

Es ging ja um den Aufbau meines Berufs, der für die Umkehr zur irdischen Ordnung wesentlich war.

Tatsächlich fing ich dort nach der Entlassung aus der Psychiatrie als Hospitantin an. Ich habe Grund zur Dankbarkeit, daß mir auf diese Weise der Berufseinstieg ermöglicht wurde, als eine aus der Psychiatrie entlassene, nicht mehr verrückte Ärztin.

Rückblickend war es ein langer Weg zu einer vollbezahlten Facharztstelle in der Kinderheilkunde. Und man weiß nicht, wie und ob es beruflich weitergeht. Ich gehe heute einen geordneten, legalen Weg, und trotzdem bin ich, denke ich, nicht wirklich heil. Vieles in meinem Innern ist ungeklärt. Die Grenzen meiner Belastbarkeit werden oft überschritten. Der Weg vom inneren und teilweisen äußeren Chaos zu einer irdischen schöpferischen Ordnung muß immer wieder stattfinden. An der Oberfläche ist mein Leben geordnet, aber es gibt viele Wünsche, Sehnsüchte, Gefühle in mir, die sich manchmal ungeordnet Bahn brechen. Was ist mit meinen letztendlichen Lebenszielen? Was will ich erreichen, und wie kann ich es erreichen – auf einem sanfteren und legaleren Weg als durch einen psychotischen Ausbruch?

Gertrud Türk

Leuchtender Feuervogel

Selbsttherapie einer Psychose

Vor einem Jahr habe ich meine Selbstheilung abgeschlossen.

Seitdem ist mein Leben nicht unbedingt leichter geworden als in den Zeiten, in denen ich weder sehen noch hören noch sprechen noch fühlen wollte, aber interessanter, spannender und lebenswerter. Meine Erkrankung habe ich nicht vollständig heilen können, aber ich habe sie bezwungen.

Wie jemand einen Tiger nicht erschießen will, sondern zu zähmen versucht, weil er vor seiner wilden Anmut, Grazie und Geschmeidigkeit Ehrfurcht und Respekt verspürt, habe ich meinen Wahnsinn nicht eliminiert, sondern gebändigt.

Während meiner intensiven Beschäftigung mit dem Phänomen einer schizophrenen Paranoia fand ich heraus, daß man sich ihrer auch bedienen kann, nicht zuletzt zum Zweck einer Selbstheilung. So nutzte ich zum Beispiel die Fähigkeit einer Schizophrenen, sich in verschiedene Persönlichkeiten aufzuspalten, um mich in eine bedürftige und in eine nährende Person zu versetzen und beide in Dialog miteinander treten zu lassen.

Dieses Spiel zwischen dem unglücklichen Kind und der verstehenden, liebenden Mutter spielte ich solange, bis schließlich beide zu einer Einheit verschmolzen waren.

Während dieser geistigen Übungen bemerkte ich, daß es hauptsächlich meine Phantasiebegabung ist, die ich sowohl zu meinem Schaden – indem ich mir nämlich düstere Schatten und drohende Verfolger erfinde – als auch zu meinem Nutzen – indem ich mir die Frau vorstelle, die ich ohne meine Krankheit sein könnte, um mich von ihr leiten und beraten zu lassen – einsetzen kann.

Diese Erkenntnis hat mir während meines Selbstheilungsprozesses sehr geholfen. Den Schmerz darüber, daß meine leiblichen Eltern mich nicht so lieben und annehmen konnten, wie ich es für eine gesunde psychisch-geistige Entwicklung gebraucht hätte, werde ich wohl lebenslang nicht wirklich überwinden können. Er ist zu tief in meiner Seele verwurzelt, als daß ich ihn mit Stumpf und Stiel ausrotten könnte.

Aber es ist mir gelungen, die immense Trauer, die mit diesem Verlustgefühl verbunden ist, in aggressive Energie umzuwandeln, und zwar in dem Sinn, daß sie mir zur Haupttriebfeder für liebende mitmenschliche Kommunikation wurde: in jeder älteren Frau sehe ich meine Mutter, in jedem älteren Mann meinen Vater. Gleichaltrige werden mir zu Schwestern und Brüdern und ersetzen mir in gewissem Maße, was ich verlor oder nie besaß.

In der letzten Phase meiner Selbstheilung fand ich schließlich heraus, daß ich mir bis zu einem bestimmten Grad die Liebe, die ich von anderen Menschen so oft und fast immer vergeblich erbettelte, selbst schenken kann, wenn ich mich nur intensiv genug mir zuwende, Zeit und Geduld genug aufbringe, um auf Anzeichen innerer Unruhe einzugehen und ihre Ursache herauszufinden.

Nicht zuletzt beobachtete ich, daß man während der mühsamen Beschäftigung mit den düsteren Seelenregungen, die man zuvor verdrängte, oft kostbare Schätze zutage fördern kann: in der tiefsten Seelenschicht, in der man wühlen und graben muß, scheinen nämlich auch Spuren eines verborgenen Wissens, einer sich ohne eigenes Zutun angesammelten Weisheit zu lagern, zu der man sonst keinen Zugang hat, wenn man nicht bis in die tiefsten Tiefen vorzudringen genötigt ist.

Vor allem unter diesem Aspekt scheint mir der Wahnsinn auch positive Seiten zu haben, indem er nämlich den Zugriff zu geistigen Potentialen ermöglicht, die Menschen in gesundem Zustand nicht ohne weiteres zur Verfügung stehen dürften.

Meinen Erfahrungen nach möchte ich jedenfalls behaupten, daß die schizophrene Paranoia einen tiefen Einblick in die Zusammenhänge von Leben und Tod, Liebe und Haß, Schuld und Sühne gewähren kann, wenn man bereit ist, sich auf die Krankheit und ihre Sprache einzulassen.

Die Voraussetzung dazu ist, daß man sich mit ihr auseinandersetzt, sie akzeptiert, sich mit ihr versöhnt. In ganz konkreter Hinsicht hat sich mein Leben insofern verändert, als ich jetzt nicht mehr unter den Zwängen leide, wie besessen nach den Grundbedingungen und -wahrheiten der menschlichen Existenz forschen zu müssen.

Ich stehe auch nicht mehr unter dem Imperativ, ständig Einzigartiges und Unnachahmbares zu vollbringen.

Statt dessen gestatte ich es mir, wie ein normaler Mensch im gesunden Wechel auszuruhen und zu arbeiten, mal fleißig und mal faul zu sein. Wenn ich früher im Laufschritt hastete, um dann irgendwann erschöpft zusammenzubrechen, so schreite ich jetzt beständig voran, ohne Eile, Hast und Hetze.

In neuer Gelassenheit verschiebe ich ruhig auf morgen, was ich heute nicht mehr erledigen kann. Wenn ich etwas erreicht habe, kann ich mich daran freuen und mir die Zeit nehmen, Atem zu holen, bevor ich mich aufs neue ans Werk mache.

Zweifelsohne hat mein Leben in Nüchternheit an Glanz verloren, aber an Ruhe, Ausgeglichenheit und innerer Nähe zu und Harmonie mit meinem eigentlichen Selbst gewonnen.

Deshalb bin ich jetzt glücklicher, auch wenn das Glück nicht mehr himmelsstürmend, sondern sanft und behutsam daher kommt.

Als zuverlässige Weggefährten sind mir mein Tiger – die bezwungene Krankheit –, ein leuchtender Feuervogel – eine starke Imaginationsfähigkeit – und eine weise Schamanin – die Vorstellung meines eigenen, heilen Selbst – geblieben.

Im Notfall kann und werde ich auf ihre Hilfe zurückgreifen, aber wirklich nur im Notfall.

Schattenseiten

»Je tiefer er sich ängstigt, desto größer der Mensch.«
Sören Kierkegaard,
Der Begriff der Angst, S. 161

Thomas O.

Todesmartern

Eisiges Sein.
Smaragde glasklarer Kälte, gefrierende Herzen;
Erschrecken zeigt sich auf ihren Gesichtern, Unsicherheit spiegelt
sich in ihren Mienen,
sobald ihnen meine Unnahbarkeit begegnet,
die Unmenschlichkeit in Person.
Öffne ich den Mund, zischen Schlangen furchterregend hervor,
sprühen ihr Gift in unschuldige Seelen,
unbescholtene Lebensfreude zu ersticken.
wie beneidenswert doch Lügnereien sind, wie verlockend und an-
ziehend die Illusionen!
Das Licht der Wahrheit läßt einen einsamer werden;
die Höhen immer ungeborgener, die Wüsten immer endloser,
so will die Freiheit sich selbst verleugnen,
wenn sie sich nicht so unbarmherzig lieben würde.

Schuldfragen
Meinungen im Psychose-Seminar

Wer hat schuld? Eine Frage, die oft im Raum steht und selten ausgesprochen wird. Wenn etwas Schreckliches passiert, suchen wir einen Schuldigen, weil wir glauben, daß uns das entlastet. Vergleichbar ist die Wissenschaft, die nach einzelnen und einzigen Ursachen sucht; sie glaubt, sich so legitimieren zu können bzw. zu müssen. In aller Regel sind die Zusammenhänge bei Psychosen komplizierter. Viele Faktoren »spielen« zusammen, ein ganzes Leben ist notwendig, vielleicht sogar mehrere Generationen wirken mit, um eine Psychose hervorzubringen. Sie ist nicht einfach ein Produkt, sondern wirkt zurück, ist selber Handlung. Ein kompliziertes Theater auf großer Bühne.

Doch auch wenn wir nicht die eine alles erklärende Ursache und die eine alles verantwortende Schuld finden werden, gibt es wechselseitige Wirkungen und Bedingungen, die auch moralische Bedeutung haben. Nur eben komplizierter als in manchem Lehrbuch und eher erinnernd an ein griechiches Drama.

Und so lohnt es sich doch, auch im Psychose-Seminar in alle Richtungen nach »Schuld« zu fragen. Die gesammelten Antworten sind vorläufig und nur eine momentane Bestandsaufnahme. Lassen Sie sich zu eigenen Schuldfragen animieren.

Wie eng Schuld- und Verantwortungsgefühl verflochten sein und sich in einer Psychose niederschlagen können, verdeutlicht auch der Beitrag von Heidi Lindner im Anschluß.

Antworten von Psychose-Erfahrenen

* Ich denke, daß ich von der Anlage her einen zur Psychose neigenden Charakter besitze. Daß es zum tatsächlichen Ausbruch der Krise gekommen ist, halte ich schon für das Verschulden meiner Eltern. Ihr Fehlverhalten mir gegenüber war recht eindeutig: z. B. schon frühzeitige bewußte Feindseligkeit, Zurückweisung, In-Verwirrung-Halten bis zum bewußten Klein-Halten auch noch im fortgeschrittenen Alter. Dies alles hat mich Mechanismen entwickeln und Mauern aufbauen lassen, die im Laufe meines Lebens so massiv wurden, daß es zu einer Eskalation kam bzw. kommen mußte, damit ich weiterleben konnte.

* Ich gab damals meinem Mann und meinen bisherigen Lebensumständen (Streß, mangelnde Anerkennung) schuld an meiner Psychose. Andererseits hatte ich stark das Gefühl, »schuld« zu sein an der Krankheit, wenn ich z. B. vorwurfsvoll gefragt wurde. »Bist du (etwa) schon wieder manisch?«
Ich forschte daraufhin dem nach, was ich falsch gemacht haben könnte im Leben, um so mit dieser Krankheit bestraft worden zu sein. Gründe fand ich dabei in bestimmten Verhaltensweisen (z. B. Nikotin- und Alkoholkonsum) bzw. in meiner gesamten Lebensführung.
Heute ist für mich Schuld ein sehr umstrittener Begriff, den ich nicht mit dem Ausbruch der Psychose in Verbindung bringen will. Wenn überhaupt, versuche ich Ursachen herauszufinden, ohne andere oder mich zu beschuldigen.

* Bei der Verursachung einer Psychose im Sinne eines Schadens wirkt Schuld mit. Es kann eigene oder fremde Schuld sein. Sie ist nicht Vorsatz, sondern Fahrlässigkeit. Das heißt das Außer-acht-Lassen der erforderlichen Sorgfalt, die nötig gewesen wäre, die Psychose zu verhindern. Fahrlässig außer acht gelassen wurde das Bewältigen der Wirklichkeit der Person. Denn wer seine Situation bewältigt, wird nicht psychotisch. Wenn es einen Ausweg aus der Krise gegeben hätte, der zum Beibehalten der seelischen Gesundheit geführt hätte, und wenn dieser Weg nicht beschritten worden ist, liegt Schuld vor.

* Als Betroffener richtet sich meine Hauptkritik hinsichtlich der Schuldfrage gegen die Automatismen der Anpassung, die von

Kindheit an eingeübt werden (Eltern, Schule, Arbeit) und keinen Platz für nötige Freiheiten übriglassen. Mag es auch ein menschliches Dilemma sein, von vermeintlichen Autoritäten geführt zu werden, so steckt für mich darin eine Schuld. Die Psychiatrie verstärkt diesen Zwang zur Anpassung.

* Schuld mit der negativen Bedeutung von schuldhaft falschem Verhalten gibt es aus meiner Sicht nur ganz selten, z. B. bei groben Verstößen der Erwachsenen gegenüber Kindern, wie z. B. bei sexuellem Mißbrauch.

Verantwortung ohne den Aspekt »Du bist schuld« gibt es wohl schon eher. Vor der ersten Erkrankung ist es jedoch schwierig zu bestimmen, womit speziell (besondere Sensibilität etc.) so anders verantwortungsvoll umgegangen werden muß als in anderen zwischenmenschlichen Beziehungen.

Ursachen/Auslöser lassen sich leichter bestimmen/finden, und von diesen würde ich am liebsten auch nur sprechen.

»Schuld«-Diskussionen bringen nichts, weil die Anstrengungen dann in die falsche Richtung gehen, nämlich gegeneinander und in die Vergangenheit.

* Unabhängig von Psychosen werde ich schuldig, wenn ich tue, was anderen (oder auch mir) schadet.

Schuldig fühle ich mich allerdings auch, wenn ich etwas nicht tue, was ich als gut und richtig für mich oder andere empfinde. Das sind dann »Unterlassungssünden«. Oft tue ich anderen weh, ohne mir dessen bewußt zu sein. Das empfinde ich nicht als Schuld, sondern als Unreife.

* Im psychotischen Schub kann ich andere nicht wie üblich berücksichtigen. Ich empfinde das als zwangsläufig und fühle mich deswegen auch nicht schuldig für das, was ich dann tue (auch anderen »antue«). Ich fühle mich ja auch nicht schuldig für mein Handeln im Traum bzw. für meine Gedanken und Gefühle.

Allerdings tue ich in der Psychose Dinge oder verhalte mich so, daß ich danach – wenn ich wieder normal/nüchtern bin – Scham oder Peinlichkeit empfinde.

* Die Schuldfrage ist völlig überflüssig. Sie ist zu vermeiden! Denn wenn die Psychose da ist, kann die Schuldfrage auch nichts mehr bringen. Oder?

Antworten von Angehörigen

* Bei uns Angehörigen sind anfänglich die Schuldgefühle sehr stark. Denn Schuldzuweisungen (besonders an die Mutter) kommen immer noch und immer wieder von verschiedenen Seiten: von Ärzten, von der Familie, von den Betroffenen selbst. Inzwischen denke ich: Schuld ist ein zu hartes Wort im Zusammenhang mit dem Ausbruch einer psychischen Krankheit, denn es gibt wohl keine bewußte Schuld, aber möglicherweise ist unbewußt manches falsch gelaufen.

* Schuld? Haben wir auf Verhaltensweisen und »Ich-Darstellungen« unseres Kindes richtig reagiert? Haben wir Merkmale und frühe Ausdrucksformen der Krankheit nicht erkannt und deshalb falsch gehandelt? Haben wir richtig/falsch reagiert, als die Krankheit auch uns offenbar wurde? Soll man sich ein Kind wünschen, wenn Ansätze psychischer Labilität in der Familie erkennbar sind?

  Einen »Freispruch« gibt es nicht. Die Verantwortung für das Leben des kranken Kindes/Menschen ist nicht abzulegen. Trauer ist nicht abzulegen im Blick auf den Menschen, der »krank« leben muß.

* Ich finde das Wort »Schuld« im Zusammenhang mit einer psychotischen Erkrankung unpassend. Wenn überhaupt Schuld, Schuld von wem?

  Ich vermute lediglich, daß es möglicherweise Zusammenhänge durch »Überfürsorge und geradezu erdrückende Liebe« zwischen den später Betroffenen und ihren Familien gibt, was verhindert, daß die Persönlichkeit sich ausbilden und stärken konnte.

* Schuld und Schuldgefühl sind zweierlei. Und mal werden Eltern als Täter, mal als Opfer empfunden bzw. dargestellt. Für mich ist insofern Schuld ein vordergründiger und höchst subjektiver Begriff. Er macht es zu einfach, bestimmten Ereignissen/Versäumnissen »Schuld« zuzuweisen, und verstellt dadurch möglicherweise den Blick auf andere, wichtigere Zusammenhänge.

Antworten von MitarbeiterInnen / StudentInnen

✳ Ich stelle mir vor: Man wird mich in den Griff nehmen, ich werde gequält werden. Ich schäme mich. Auf mir lastet ein dumpfer Druck: Ich habe etwas getan, aber ich weiß nicht genau, was es ist. Es ist beständig mit mir / über mir. Kann ich es / davon wissen? Müßte ich es können?

Ich ahne, ihr werdet mich verachten, ihr werdet mich bestrafen, weil ihr denkt, ich wisse. Ihr klagt mich an. Habe ich etwas verwirkt? Wird es einen Schiedsspruch geben – einen Schuldspruch? Wird ihn mir jemand mitteilen?

✳ Ich weiß nicht, ob es so etwas wie Schuld *an* einer Psychose gibt. Vielleicht eher die Schuld *in* der Psychose, z. B. das psychotische Erleben von vorher nicht gelebten, gefühlten Schuldgefühlen.

Andererseits können Schuldgefühle auch Ursache für Psychosen sein, denn man will ja eigentlich ganz anders sein im Sinne der Erwartungen der anderen, aber man kriegt es einfach nicht hin und fühlt sich schuldig.

Auch für Angehörige kann ich mir Schuldgefühle gut vorstellen – das Gefühl, an der Psychose des Partners, des Kindes (mit)schuldig zu sein. Und jede Menge Schuldzuweisungen in Familien, in denen eine / r psychotisch wird. Für mich paßt »Schuld» nicht zu »Psychose«, denn das würde voraussetzen, daß es so etwas wie einen auslösenden Faktor gibt. Den kann ich mir aber bei Psychose nicht vorstellen.

✳ Schuldzuweisungen an eine oder mehre Personen blockieren die Arbeit am Problem Psychose. »Schuld« stigmatisiert und grenzt aus. Wenn ich den Angehörigen »Schuld« zuweise, setze ich sie auf die Anklagebank und zwinge sie in eine Verteidigungsstellung, aus der heraus sie nach dem Motto »Angriff ist die beste Verteidigung« nur wild um sich schlagen oder – als andere Möglichkeit – sich völlig zurückziehen.

Eine Einsicht und Mitarbeit am Problem »Psychose«, das sowohl sie als auch die Betroffenen so stark angeht, ist damit verhindert. Wenn ich den Betroffenen »Schuld« zuweise und sie sie sich selbst zuweisen, besteht die Gefahr, daß sie sich noch tiefer und anhaltender in ihre Krankheit verlieren. Denn »Schuld« bzw. vor allem Schuldgefühle machen Angst und verstärken so die Psychose.

Vielleicht wäre der Begriff »Verantwortung« oder »Beteiligung« besser angebracht, aber dann müßten diese wertfrei benutzt werden können ohne den wertenden Beigeschmack, den sie immer noch haben.

* Es gibt keine Schuld!
Schuldzuweisungen quälen alle Beteiligten. Sie verhindern Veränderungen.
Freiheit von Schuldgefühlen bedeutet Lebendigkeit, innere Freiheit. Wer frei ist, kann sich ändern.

* Ähnlich wie in der griechischen Tragödie gibt es keine Schuld des einzelnen, sondern nur die Macht des Schicksals.
Die Psychose ist Ausdruck eines unausweichlichen Konflikts und zugleich seine Lösung. Schuld ist ein Mythos der Psychiatrie: bestimmten Faktoren werden ursächliche Wirkung und »Schuld« zugeschrieben, um der Unzulänglichkeit des Fachs zu entgehen.

Heidi Lindner

Schuld

Das Denken der kranken Seele ist meist nicht abstrakt, sondern bildhaft, manchmal auch magisch, von urzeitlichen Vorstellungen und Instinkten durchdrungen. Es ist eine eigenartige Welt, unwirklich, oft bedrohlich, manchmal chaotisch, teils von Ängsten erfüllt, teils von Haß und Aggressionen – oft aber auch verbunden mit einem tiefen Gefühl der Schuld.

Diese Schuldgefühle können Chaos in der Seele verursachen. Ich erinnere mich, daß ich einmal einen Strafgefangenen, dem ich meine Hilfe versprochen hatte, in einer wichtigen Situation im Stich gelassen habe. Eigentlich war meine Krankheit »schuld«, trotzdem fühlte ich mich als Verräterin. Diese Schuldgefühle konnte ich nicht verarbeiten, sondern verdrängte sie unter die Schwelle des Bewußtseins. Dort arbeiteten sie weiter und tauchten als quälendes Wahnbild wieder auf:

Ich fühlte, wie mir jemand ein Messer in die Herzgegend stach, sah mich in einen Plastikbeutel gepackt und ins Meer geworfen. Dort spürte ich die hohen Wellen über mir zusammenschlagen und fühlte die Marter des Ertrinkens mit einer furchtbar beklemmenden Todesangst.

In diesem Bild bestrafte ich mich selbst, unterzog mich einer Art Gericht infolge meiner Schuldgefühle. Unreflektiert glaubte ich an eine höhere Gerechtigkeit. Ich fühlte mich schuldig, also erwartete ich auch ein Gericht. Ich mußte eine Sühne auf mich nehmen, um das gerechte Gleichgewicht zwischen dem Im-Stich-Gelassenen und der Schuldigen wieder herzustellen. Außerdem fürchtete ich mich vor einem Racheakt des Häftlings. Möglicherweise wollte ich einen solchen auch in meinen Wahnvorstellungen vorwegnehmen.

Der einzelne hat eine Schuldverantwortung, selbst wenn die Frage der Schuldfähigkeit und des subjektiven Schuldanteils nicht einwandfrei geklärt ist. Die Verantwortung tragen wir in unserem Gewissen. Es sagt uns: Hier war etwas nicht in Ordnung. Und als Folge quält es uns mit Schuldvorwürfen und Gewissensbissen. Dieses alles kann uns krank machen bis hin zu schweren körperlichen Symptomen. All das macht einen Teil unseres Schicksalsweges aus.

Dorothea Buck

Angst und Psychose

Daß gerade mir die Aufgabe zufiel, über die Angst in der Psychose zu schreiben, wo mir die Angst vor einer nur medikamentös bekämpfenden Psychiatrie so viel vertrauter ist als die Angst in der Psychose, liegt wohl an meinem Drängen in unserem Psychose-Seminar, gemeinsam zu klären, warum manche von uns ihre Psychose als beängstigend, andere dagegen als befreiend erlebten. Auch die von Psychiatern immer wieder betonten Ängste psychotischer Menschen, mit denen sie ihre sofortige medikamentöse Bekämpfung rechtfertigen, machen eine Klärung des Themas »Angst in der Psychose« notwendig.

Angst vor der Psychose und vor der Psychiatrie

Die Angst in der Psychiatrie und die Angst in der Psychose können eins gemeinsam haben: die Furcht vor dem Ausgeliefertsein an eine Macht, auf die man keinen Einfluß hat. Dieses Gefühl der Ohnmacht, des Ausgeliefertseins an eine fremde Macht liegt wohl allen Ängsten zugrunde, auch der Angst vor schicksalhaften Verlusten, der Angst vor Krankheit und Tod.

Während aber das mit Verlusten, Krankheit und Tod immer verwobene menschliche Geschick nicht nur Angst, sondern ein noch stärkeres Vertrauen in einen sinnvollen Lebensweg zuläßt, wird die Angst vor einer psychiatrischen Macht, die die PatientInnen zu Objekten beobachteter Symptome nach dem Maßstab der aus der Organ-Medizin übernommenen NORM abwertet, nur dann überwunden werden können, wenn der Patient sich als Mensch mit seinem Erleben ernstgenommen fühlt. Denn das macht die Psychiatrie in ihrer Machtfülle so beängstigend, daß es ihr seit Emil KRAEPELIN (1856–1926) nicht mehr um den Patienten als Menschen mit seinem

Erleben und dem Sinnzusammenhang mit seiner Lebensgeschichte geht, sondern wie in der Körper-Medizin um seine Krankheits-Symptome und um sein von der NORM abweichendes Verhalten. KRAEPELIN ersetzte die Gespräche, die seine Vorgänger Wilhelm GRIESINGER (1817–1868) und Wilhelm IDELER (1795–1860) auch mit ihren psychotischen PatientInnen geführt hatten, durch die Beobachtung ihrer Symptome. Er war der Begründer der Krankheits-bilder-Psychiatrie (auch nosologische Psychiatrie genannt). Noch heute bezieht sich auch die internationale Klassifizierung der Weltgesundheitsorganisation WHO mit dem ICD-Schlüssel auf seine diagnostisch-nosologischen Grundbegriffe. – »Ich weiß, wie schlimm es für alle Patienten war, daß wir als Ärzte bis in die Anfänge der 70er Jahre gelernt haben, mit psychisch Kranken möglichst nicht persönlich zu sprechen, ihre psychotischen Erlebnisse als nicht nachvollziehbar einzustufen. Sich nicht ernstgenommen fühlen, hängen gelassen werden mit Ängsten und Erlebnissen, die einen überschütten, abgespeist werden mit Unverbindlichkeiten und Medikamenten – das alles ist über lange Zeit psychiatrischer Alltag gewesen«, schrieb mir 1990 der psychiatrische Leiter einer großen Anstalt auf meinen Schizophrenie- und Heilungsbericht »Auf der Spur des Morgensterns – Psychose als Selbstfindung« unter dem Anagramm von »Schizophrenie« = Sophie Zerchin.

Diese Angst vor einer Psychiatrie, die die PatientInnen auf ihre Symptome reduziert, sitzt bei uns alten, aber auch bei vielen heutigen Psychiatrie-Erfahrenen tief. Bei ihnen vor den erzwungenen persönlichkeitsverändernden Neuroleptika, die nur Symptome verdrängen ohne eine Hilfe zum Psychose- und Selbstverständnis. Bei uns alten, weil die verweigerten Gespräche zu den psychiatrischen Ausrottungsmaßnahmen, die schon KRAEPELIN gefordert hatte, führten. Menschen, mit denen man nicht spricht, lernt man auch nicht kennen, nimmt sie nicht als Menschen wahr. Darum konnten Psychiater in kommunalen und kirchlichen Anstalten uns zumuten, was sie selbst nicht ertragen hätten: die trostlose, menschenunwürdige bloße Verwahrung ohne eine Beschäftigung; die von Psychiatern gegen uns beantragten und rigoros durchgeführten Zwangssterilisationen und ihre lebenslangen Folgen ohne eine menschliche Rehabilitierung; das Töten durch Vergasen, Abspritzen oder zu Tode Hungern von über 200 000 als »lebensunwert« verurteilten PatientInnen. Auch sie werden ebenso wie wir kein Gespräch erlebt haben. Und schließlich: Das jahrzehntelange Verschweigen dieser Verbrechen, das uns alleine Lassen mit der Last des Wissens um die ärztlichen Patienten-Morde. Die heute wieder erstarkende biologisch-genetisch orientierte Psychiatrie kann nur unsere Angst erregen. Denn sie war eine entscheidende Voraussetzung dieser Verbrechen. Wer die Patientenerfahrungen ihrer seelisch verursachten Psychosen nicht gelten läßt, wird sie nur medikamentös bekämpfen.

»Empirische« Erfahrungen

Ein wirksames Mittel gegen die Angst vor der alten und wieder neuen biologisch-medizinischen Psychiatrie sind unsere Psychose-Seminare an immer mehr Orten und unsere Psychoseerfahrungs-Austausch-Gruppen. In beiden Modellen für eine empirische Psychiatrie, die auf den Erfahrungen der Betroffenen, statt auf den Lehren der Fachleute gründet, kommen die Experten ihrer Psychosen und Depressionen endlich selbst zu Wort. Der Erfahrungs-Austausch regt dazu an, sich mit dem eigenen psychotischen oder depressiven Erleben auseinanderzusetzen, statt es als nur »krank« in der geforderten »Krankheitseinsicht« von sich selbst abspalten zu müssen.

Die »Angst in der Psychose« spielte in diesem Erfahrungs-Austausch eine geringere Rolle, als die Fachleute bisher anerkannten. Seit dem Beginn unseres Hamburger Seminars im Wintersemester 89/90 mischen sich in den Aussagen von uns Erfahrenen über das Psychoseerleben Angst und Erleichterung oder Befreiung von vorausgegangenen Ängsten und Verunsicherungen. Bei einem unserer früheren Treffen am 28.11.1990:

* Für mich ist Psychose sehr beängstigend. Farben und Gerüche ändern sich.

Aber auch die Erfahrung:

* Eine Psychose kann sehr schön sein. Ich habe auch viel Angst gehabt.

Bei späteren Treffen haben wir die Angst ausführlicher besprochen und zusammengetragen, was Erfahrene und Angehörige erlebten und aussagten:

* Einerseits ist da die Angst vor dem Ausbruch der Psychose. Andererseits ist die Psychose ein Versuch, aus der Angst herauszukommen.
* Angst, sich zu verlieren, das eigene Ich einzubüßen, beeinflußbar zu sein (phasenweise).
* Psychose ist die Angst, seelisch zu verbluten, Herzblut zu verlieren.
* Eine Freundin hat mich beruhigt: »Kein Mensch kann deine Gedanken wissen.« – Dann bin ich mit meiner Angst einkaufen gegangen, bin in alltägliche Gespräche geraten und habe sie überstanden. Dadurch habe ich meine Grenzen wiedergefunden.

Andere erlebten ihre Psychose als Lösung von Konflikten und Lebenskrisen, ohne die Ängste zu erwähnen:
* Flucht aus Erschöpfung. Psychose als Lösung.
* Lösung von Spannung, wie bei großem Schmerz. Ich habe den psychotischen Zustand herbeigesehnt, zum Ausruhen.
* Ich empfand die Psychose als Lösung. Aber es war keine lebbare Lösung.
* Beim Gesunden gehen die Eindrücke einen geordneten Weg. In der Psychose kommen sie von vielen Seiten – verwirrend und verschmelzend.
* In der Psychose habe ich meine Instinkte mehr gefühlt und größere Zusammenhänge. Ich fühlte mich aufgehoben, weil die Grenzen weg waren. Ein Einvernehmen mit der Welt und das Gefühl: Alles hat einen Sinn.
* Aus der Leere und dem Ausgepowertsein kam für mich die Psychose wie ein Anfall von Energie, von großer Macht (wie der Erzengel Michael), dann erst der Übergang in einen Ausnahmezustand.
* Aus jeder Psychose geht man erwachsener hervor.

Eingebungen

In diesen Aussagen drückt sich die ganze Vielfalt psychotischen Erlebens aus. Aber es gibt auch Gemeinsamkeiten, wie das von John K. WING als »zentrales schizophrenes Syndrom« bezeichnete »Erlebnis der Eingebung von Gedanken«. Sie können als Gedanken und bildhafte Vorstellungen, als innere Stimme oder Impulse, aber auch als gehörte Stimmen erfahren werden. Um dieses veränderte Erleben von außen »eingegebener« Gedanken verstehen und sie aus sich selbst kommend erkennen zu können, muß auch der heutige Patient immer noch selber finden, daß in der Schizophrenie Inhalte unseres normalerweise Unbewußten ins Bewußtsein einbrechen, um einen vorausgegangenen Konflikt oder eine Lebenskrise zu lösen. Ich erlebte diesen Einbruch sogar als blitzartiges Überwältigtwerden von Gewißheiten und fand das sehr erschreckend. Gerade weil ich sie nicht aus mir selbst kommend, sondern als »eingegeben« erlebte, überzeugten sie mich als Wirklichkeit. Wieviele Betroffene mögen solchen »eingegebenen« Gedanken oder auch Befehlen, sich z. B. umzubringen, im Laufe der Zeit gefolgt sein. Und dennoch verweigert die Psychiatrie diese unerläßliche Hilfe zum Selbstverständnis: daß in der Psychose Inhalte unseres eigenen Unbewußten ins Bewußtsein einbrechen. C. G. JUNG schrieb schon 1912(!) in »Symbole der Wandlung – Analyse des Vorspiels zu einer Schizophrenie«:

»Für Patienten in dieser Situation kann es allerdings eine Lebensrettung bedeuten, wenn der Arzt sich solcher Produkte annimmt und den darin angedeuteten Sinn dem Patienten zugänglich macht. Auf diesem Wege ermöglicht er es nämlich letzterem, wenigstens ein Stück des Unbewußten zu assimilieren und damit die gefahrdrohende Dissoziation um ebensoviel abzubauen. Zugleich schützt die Assimilation des Unbewußten vor der gefährlichen Isolierung, die jeder empfindet, der mit einem unverstehbaren, irrationalen Stück seiner Persönlichkeit konfrontiert ist. Die Vereinsamung führt nämlich zur Panik, und damit beginnt nur zu oft die Psychose.« Deutlich wird, wie stark Gewicht und Bedeutung der Angsterfahrung vom Umgang mit der Psychose beeinflußt werden.

Weltgefühl

Verbreitet und vielen Psychose-Erfahrenen bekannt ist auch das in der Psychose veränderte Weltgefühl sonst nicht gespürter Sinnbezüge. Daraus resultieren die »Beziehungs- und Bedeutungsideen« und auch die Neigung, »Wesentliches und Unwesentliches nicht zu unterscheiden«, weil alles einen geheimen Sinn zu enthalten scheint,

Gleichnis für etwas ist. Ich nannte dieses veränderte Weltgefühl »Zentralerleben«, weil alle Lebensbereiche wie bei einem Fächer von einer gemeinsamen Mitte auszugehen und miteinander verbunden zu sein schienen im Unterschied zur normalen Welterfahrung. Das kann dazu führen, nicht sich auf das Ganze, sondern das Ganze auf sich bezogen zu erleben. Mit dem Gefühl der Angst erlebt, kann das als persönliche Bedrohung erfahren werden und zu Verfolgungsideen führen.

Vertrauen und Verstehen

Warum die Psychosen von vielen als beängstigend, von anderen als befreiend oder mit Angst und Glück vermischt erlebt werden, scheint auch vom Vertrauen in unser Leben abzuhängen. Vertrauen zu sich selbst und in den eigenen Lebensweg zu stärken, ist eine wichtige Aufgabe der Psychiatrie. Dazu muß sie akzeptieren, daß, ebenso wie die Körperkrankheiten Selbstregulationen, Heilungsversuche sind, auch und erst recht die Psychosen Heilung durch Problemlösungen vorausgegangener Krisen anstreben.

Veränderungen im Hirnstoffwechsel widerlegen das nicht. Alle Emotionen spiegeln sich im Körper, und langfristige Stimmungen mögen auch mit körperlichen Veränderungen einhergehen – auch mit Veränderungen des Gehirns. In den Psychosen werden es die älteren Hirnregionen sein, die aktiv werden. Denn die Mittel, die der Traum und die Psychose anwenden, sind uralte.

Zur Überwindung der Angst hilft nicht nur Vertrauen, sondern auch Verstehen. Wir Psychose-Erfahrenen sind uns darin wohl einig, daß unseren Psychosen seelische Konflikte, Lebenskrisen oder Belastungen vorausgingen, die wir nicht lösen konnten. In unseren Psychosen verwandelten sie sich in konkrete Vorstellungen, in beängstigende oder auch in befreiende.

Das Entscheidende ist aber wohl, daß das zuvor Auswegslose einer Lebenskrise in der Psychose und in ihrem Erleben als konkrete Vorstellungen Gestalt gewinnen. Vielleicht ist das auch der Sinn unserer Nachtträume: Emotionen, Probleme und uns gar nicht bewußte Inhalte unserer Seele in konkrete Phantasien, in real erlebte Situationen bildhaft zu verwandeln, die sie uns zugänglicher machen können.

Damit wir alle – Fachleute und wir Psychose-Erfahrenen – ein umfassenderes Verstehen der Psychose gewinnen können, laden wir die biologisch orientierten Psychiater ein, in unsere Psychose-Seminare zu kommen, um uns ihre Hirnforschungsergebnisse anschaulich zu machen und sie mit unseren Psychoseerfahrungen auszutauschen. Vorausgesetzt, sie haben keine Angst vor uns.

Gewalt und Gewaltphantasien
Notizen aus dem Psychose-Seminar

Es ist wichtig, aber manchmal gar nicht so einfach, im Psychose-Seminar Balance zu halten zwischen den konstruktiven, aushaltbaren und den destruktiven, zerstörerischen Aspekten einer Psychose, Harmonie nicht zu übertreiben und auch Themen mit möglicherweise negativer Schlagseite zuzulassen. Ein Ergebnis solchen Bemühens ist dieser Beitrag, der im wesentlichen auf einem Protokoll beruht. Die einzelnen Beiträge sind sinngemäß zitiert und inhaltlich neu geordnet.

Gewalt durch Psychiatrie?

* Gewalt geht zuallererst durch die Psychiatrie aus. Und zwar nicht nur in der Vergangenheit: Hand- und Fußfesseln kenne ich z. B. erst aus der Zeit der Psychopharmaka.
* Bei mir haben meine Enttäuschungen in der Psychiatrie zu Gewaltphantasien geführt. Und ich kenne viele, denen es ähnlich geht: Beim ersten Mal geht man noch freiwillig in die Psychiatrie. Aber dann passiert da nichts anderes als Medikation. Beim nächsten Mal will man schon nicht mehr, und das wird dann als mangelnde Krankheitseinsicht gesehen. Und es passiert erst recht nichts anderes mehr als die Psychopharmaka.
* Als Angehörige habe ich die Gewalt, die an meinem Freund ausgeübt wurde, miterlebt. Da geht ein junger Mensch in die Klinik. Und heraus kommt ein froschäugiges, sabberndes Wrack. Ich frage mich, ob den Psychiatern wohl bewußt ist, welche Wut sie auf sich ziehen. Wenn man auf einer normalen Station eine Umfrage macht, herrscht der Eindruck der Vergewaltigung bei vielen vor. – (Profi:) Mit der Verdrängung mögen Sie recht haben. Ich mach mir auch nicht immer klar, welche Gewalt von mir ausgeht.

Der Mantel des Helfens ist mir lieber. Aber daß alle Gewalt von der Psychiatrie ausgeht, stimmt sicher nicht.

* Ich habe zweimal Gewalt erlebt, einmal außerhalb, einmal innerhalb der Psychiatrie. Das eine Mal außerhalb konnte ich den Mann, der mich bedrohte, stoppen, indem ich ihm zusicherte, daß ich ihn nicht anzeige; das andere Mal in der Psychiatrie hat mich eine Frau bedroht, und ich war froh, das Personal zu Hilfe rufen zu können.

Gewalt durch Angehörige?

* Als Angehörige frage ich mich, ob es einen Punkt gibt, ab dem Angehörige quasi verpflichtet sind, »Gewalt« anzuwenden, z. B. daß der Patient zum Arzt geht oder Medikamente nimmt ... – Wie willst du das denn mit Gewalt erreichen? Wenn der Patient nicht selbst gewalttätig wird, kann man gegen seinen Willen doch gar nichts machen.

* Ich bin in der Psychose, nachdem ich pleite war, wieder bei meiner Mutter eingezogen. Nach einiger Zeit habe ich sie dann in einer zugespitzten Situation aus der Wohnung geworfen. Als der psychiatrische Notdienst kam, war ich gar nicht aggressiv, sondern sehr höflich, habe denen Getränke, sogar Haschisch angeboten. Nur daß ich meine Mutter immer mit Sie angeredet habe, hat die wohl gestört. Jedenfalls hat mich der Notdienst mitgenommen. Und letztlich habe ich das als Befreiung aus dieser verfahrenen Situation erlebt. Sonst will meine Mutter die Krankheit nicht wahrhaben. Für sie zählt nur, wenn ich wieder arbeite. Das ist auch eine Form von Gewalt. – Daß die Mutter so reagiert, ist aber doch eine Folge schlechter Psychiatrie. Erst werden den Angehörigen Schuldgefühle eingeimpft, dann werden sie allein gelassen, und dann wundert man sich, wenn sie verängstigt und eng reagieren.

Gewalt und Gesellschaft

* Dann gibt es auch noch die gesellschaftliche Gewalt: Wenn man eine Psychose hatte, bekommt man schwerer Arbeit. Wenn man zugeben muß, vom Krankengeld zu leben, bekommt man keine Wohnung.

* Mein Bruder und meine Mutter waren in der Nazizeit schizophren. Man traute sich nicht, das zu melden, denn dann drohte Euthanasie oder Sterilisierung. Es fand keine Hilfe statt. In den ersten Kriegstagen wurde mein Bruder als Soldat eingezogen, er ist sofort gefallen. – (Erfahrener:) Die Psychiatrie heute setzt diese Tradition fort, indem sie nichts anderes tut, als die Krankheit zu bekämpfen und damit auch den, der sie hat. Um Verstehen geht es denen bei Psychosen doch gar nicht.
* Gewalt kennen wir doch alle und nicht nur aus Träumen, sondern im alltäglichen Leben, z. B. zwischen Chef und Untergebenen usw. Man muß doch unterscheiden zwischen kontrollierter Gewalt, die gesellschaftlich akzeptiert ist, und unkontrollierter Gewalt. In einer Psychose funktioniert eben die Kontrolle nicht mehr so gut, so daß die allgemeinen Spielregeln verletzt werden. Vielleicht haben wir nicht so gut gelernt, Gewalt richtig rüberzubringen.

Gewalt in der Psychose

(Moderator:) Auf die Kritik der Psychiatrie können wir uns jetzt gemeinsam leicht einschießen. Die Frage ist aber, welche Wurzeln Gewalt noch hat. Wenn wir sie so einseitig festmachen, besteht auch die Gefahr, daß wir sie zu sehr verteufeln.

* Ich weiß inzwischen, daß in der Psychose auch von mir Gewalt ausgeht. In der Konfrontation werde ich auch verletzend. Erst konnte ich mich gar nicht daran erinnern...
* Ich habe meinen Freund in der Psychose schon sehr gewaltsam erlebt. Er hatte sich in eine Theorie verstiegen und dann die ganze Wohnung verwüstet. Ich mußte die Psychiatrie um Hilfe bitten. Was mir nicht leicht fiel; denn ich war auch schon dort.
* Mag sein, daß da ein Wechselspiel der Gewalt vorliegt. Doch die Psychiatrie ist nicht in der Lage, es zu unterbrechen. Im Gegenteil, sie chronifiziert die Gewalt. Man hat doch gar keine Gelegenheit, über diese Seiten an sich selbst, über die man vielleicht auch erschrocken ist, zu reden. So wie es in den Angehörigengruppen wichtig ist, über Schuld zu reden, sich sozusagen davon freizusprechen, ist es doch auch wichtig, daß wir über diese gewaltigen / gewaltsamen Impulse reden. Die Psychose wird mit Pillen besei-

tigt, dann wird man rausgeschmissen, ohne das alles verarbeiten zu können. Das ist doch so, als würde man in der Chirurgie, wenn der Gips abgemacht wird, kein Muskeltraining mehr anbieten.

* Ja, das stimmt, wenn ich aggressiv geworden bin, gab es hinterher nie eine Gelegenheit, darüber zu sprechen.

* Meine Mutter ist in einer Psychose gewaltsam gegen meinen Vater geworden. Sie hat ihm eine geklebt. Und ehrlich gesagt, ich war richtig froh. Das hätte sie schon viel früher tun sollen, hat sich aber nicht getraut. Sie hat vorher so viele Demütigungen über sich ergehen lassen. – (Profi:) Das letzte Beispiel macht deutlich, daß Gewalt nicht immer zu verdammen ist. Vielleicht war Ihre Mutter erst in der Psychose zu einer für sie ungewohnten fremden Handlung in der Lage. Oder umgekehrt: Dieser und andere Impulse waren für sie so fremd und überwältigend und paßten so wenig in ihr bisheriges Selbstbild, daß eine Psychose näherrückte.

* Ich habe in meiner Therapie mehrmals gewalttätige Impulse gespürt und bin meiner Therapeutin dankbar, daß sie diese Situationen mit mir durchgestanden hat. Ich konnte erst überhaupt nicht mit Aggressionen umgehen. Jetzt ist das schon viel besser. – (Erfahrene:) Möglicherweise stecken Gewaltimpulse in jedem Menschen, auch unabhängig von einer akuten Demütigung. Vielleicht sind Menschen in Psychosen einfach nur durchlässiger für das, was in uns verborgen ist und sonst vielleicht nur in Träumen zum Ausdruck kommt – eben auch für Gewalt?

* Ich habe in einer Wohngemeinschaft längere Zeit mit einer Freundin zusammengelebt, die manisch-depressiv war. Wir haben uns völlig verhakt. Sie war enttäuscht, hat mich beschimpft, hat einmal die ganze Wohnung demoliert. Ich war sehr hilflos. Wir konnten die Situation nicht lösen. Es gab kein Außen mehr!

Attentate und ihre Wirkung

* (Erfahrene:) Wir haben noch nicht über die richtig gefährlichen Taten von schizophrenen Menschen, wie z.B. das Attentat auf Schäuble, gesprochen. Das hat die Presse doch ganz schnell verallgemeinert. Dabei möchte ich mit der Frau nicht in einen Topf geschmissen werden. Dafür bräuchte man doch eine andere Diagnose.

* (Profi:) Hinsichtlich der Presse gebe ich Ihrer Kritik recht. Das ist völlig unzulässig; statistisch sind psychotische Menschen sogar seltener kriminell als die sogenannten normalen. Doch Ihre Forderung nach einer eigenen Diagnose macht mir Unbehagen. Es ist doch denkbar, daß die Attentäterin tatsächlich in einer Psychose gewaltsam geworden ist. Wir können diese Möglichkeit doch nicht vollkommen leugnen.

* (Erfahrene:) Ja, aber die war doch auch schon mehrmals in der Psychiatrie. Wer sagt denn, daß die Gewalt nicht von dort, vom dort erlebten Unverständnis seinen Anfang nahm.

(Moderator:) Diese Wechselwirkung können wir hier nicht endgültig auflösen. Aber lassen Sie uns die Gewalt nicht nur an einer Seite festmachen; wir täten ihr Unrecht und würden sie überdies auch ebenso verteufeln, wie Sie das mit Recht bei Krankheit kritisieren.

* (Angehöriger:) Für wirkliche Kriminalität haben wir das Strafrecht, das muß reichen. Es darf nicht so etwas wie eine Vorbeugehaft durch die Psychiatrie geben. Klar, wenn jemand wirklich gefährlich wird, dann muß ein Eingreifen möglich sein.

* (Erfahrener:) Wenn die Psychiatrie wirklich helfen würde, könnte man ja auch mit besserem Gewissen jemanden dorthin bringen.

Zusammenfassung

(Moderator:) Bisher haben wir über vier verschiedene Gewaltformen gesprochen:

● über die Gewalt durch die Psychiatrie, wenn sie auf seelische Zustände nur pharmakologisch reagiert und z. B. Gespräche über Gewalterlebnisse und -phantasien nicht anbietet;

● über die Gewalt der Gesellschaft, wenn sie psychose-erfahrene Menschen hinsichtlich Arbeit und Wohnung benachteiligt;

● über die Gewalt durch Angehörige, z. B. wenn sie eine Krankheit nicht wahrhaben wollen und Gesundheit zum einzigen Maßstab machen;

● und zuletzt auch über die Gewalt in Psychosen im Sinne eines Durchbruchs von Impulsen nach langer Demütigung bzw. als Ausdruck von einem dem Menschen innewohnenden Potential.

Wir sind dann bei einer wichtigen Unterscheidung angelangt – zwischen der artikulierten und der tatsächlichen Gewalt. Hinsichtlich der artikulierten Gewalt sollte uns bewußt sein, daß Menschen in Psychosen oft eine andere Sprache verwenden, voller Symbole und Bilder wie in Mythen und Märchen. Gefühle bekommen ein anderes Leben. Was andere vielleicht intellektuell verklausuliert äußern – z. B.: Um erwachsen zu werden, muß ich »Mutter oder Vater in mir überwinden« – drückt jemand in der Psychose drastischer aus: »Ich höre Stimmen, daß ich meine Mutter umbringen soll.« Die Psychiatrie, die doch oft sagt, daß Psychosen nicht zu verstehen seien, nimmt in diesem Moment die Aussage allzu wörtlich: Sie legt den Patienten mit Medikamenten lahm, um die »Gefahr« zu beseitigen, statt ihm Übersetzungshilfe zu leisten oder mit ihm herauszufinden, warum er ein verständliches Gefühl solange oder soweit abspalten muß, bis es so veränderte Züge bekommt.

Zu der tatsächlichen Gewalt scheint unser Diskussionsstand zu besagen: Wenn jemand soweit außer sich ist, daß er keine Grenzen mehr in sich findet und er dann für sich oder andere wirklich zur Gefahr wird, dann müssen andere von außen Grenzen ziehen. Das ist dann u. U. auch Aufgabe der Psychiatrie. Ob es leichter ist, sie in Anspruch zu nehmen, wenn sie hilfreicher ist (wie oben gefordert wurde), scheint mir fraglich. Denn dann wird sie gleichzeitig auch nebulöser. Vielleicht ist es auch wichtig, die Grenze klar zu ziehen: In akuter Gefahr kann jemand gegen seinen Willen eingewiesen werden. Zwangsbehandlung ist damit aber nicht legitimiert. Möglicherweise sollte die Unterbringung die einzige Maßnahme sein, die dann auch eine deutliche Grenze markiert und Orientierung erlaubt.

Reinhard St.

Aggression und Psychose

»Lieber innen eins und entzwei mit der Welt«

Überwältigt von der Güte Gottes

Vor drei Monaten hatte ich mein Leben in Jesu Obhut gegeben und mich einer Gemeinde angeschlossen.

Seitdem hatte ich immer öfter und deutlicher einen neuen Geist gespürt.

Es war wie der Anfang eines neuen Lebens.

So besuchte ich eine fünftägige Heilig-Geist-Konferenz: Morgens und abends stundenlange Gottesdienste, viele Gespräche mit anderen Christen. Beim Mittagessen in der Mensa legte ich meine Bibel für die studentischen Besucher deutlich sichtbar neben meinen Teller. Alle sollten sehen, daß ich jetzt ein Christ war.

Am letzten Tag der Konferenz flammte meine erste Psychose auf.

Der Ruf war stark. Ich wußte auf einmal, daß ich für Gott arbeiten konnte. Wenn ich in seinen Dienst träte, konnte ich meinen Job als EDV-Organisator kündigen. Wenn ich nur dem diente, dem alles möglich ist, würde er auch irgendwie für meinen Lebensunterhalt sorgen.

Die Segnungen der letzten Wochen kamen mir wie Vorboten einer neuen Existenz vor. Ich kam seit einiger Zeit mit sechs Stunden Schlaf aus und war zum Frühaufsteher geworden. Ich hatte mir Möbel gekauft, wo ich mich vorher nie entscheiden konnte. Die jüngsten Wandlungen in meinem Leben wurden mir damals als das behutsame Werben Gottes bewußt. Die klare Bestätigung dafür fand ich in einem Büchlein von Pastor Wolfhard Margies mit dem Titel »Überwältigt von der Güte Gottes«. Für den Verlust von Ruhe und Kontrolle fand ich das Wort »Überwältigung« sehr treffend. Die ungeheure Intensität der Psychose erklärte ich mir mit der Gewalt Gottes. Das von Psychose-Erfahrenen oft beschriebene Gefühl des

»Gemachtwerdens« schrieb ich dem zu, der nach biblischem Glauben alles gemacht hat. Das Gefühl war wie eine Offenbarung.

Bei all dem behielt ich den Glauben an einen guten Ausgang, denn ich glaubte an einen gütigen Gott.

Das Buch nahm auch Einfluß auf den weiteren Verlauf der Psychose. Auf seinem Titel ist ein verschnürtes Paket abgebildet, das an einer Stelle aufgerissen ist. An dieser Stelle kommt der Inhalt des Pakets zum Vorschein: Es ist Licht. Licht und Gott gehören zusammen.

Ich war im ständigen Dialog mit Gott. Schließlich sprach er zu mir: »Fahre nach Berlin. Berlin ist Jerusalem. Die Mauer ist der Jordan. Pastor Margies ist der Täufer, und du bist mein Sohn. Er erwartet deine Ankunft. Laß dich von ihm taufen. Danach wirst du Apostel sein und den Hausbesetzern und Gesetzesbrechern das Evangelium bringen.«

Ich glaubte und fuhr nach Berlin, in eine fremde Stadt.

Ich »verirrte« mich in das Gesundheitsamt und bat dort um Hilfe.

So kam ich das erste Mal als Patient in die Psychiatrie. Nach einem Becherchen Haldol und einer Nacht war der Wahnsinn vorbei.

Eine Woche in Berlin und sechs Monate in Hamburg war ich dann in der Psychiatrie. Ich vertraute der Medizin und ließ die psychiatrischen Maßnahmen über mich ergehen. Ich machte brav alles mit. Daß Malen, Töpfern und Flechten für mich als Informatiker keinen Wert haben, wurde mir erst später klar. Ich ging zur Beschäftigungstherapie, weil sie gegen die Langeweile half.

Pro Woche hatte ich ein Einzelgespräch mit einer Psychologin. Soweit ich weiß, kamen in den fünf Monaten zwei Ergebnisse zustande: Ich sei »kontaktscheu« und ein »Ja-Sager«. Weil ich keine Fortschritte machte, verließ ich gegen ärztlichen Rat die Klinik.

»Beweise Mut!«

Meine zweite schwere Psychose kam genau ein Jahr später. Dabei stand ich im ständigen Dialog mit meiner inneren Stimme über das »Beweisen«. Ich dachte: Täter, Opfer, Zeuge, Richter – wie hängen die zusammen? Analog zu mathematischen Beweisen zeichnete ich ein Quadrat und schrieb T, O, Z und R an die Ecken. Zusammen mit den Diagonalen sind es sechs Beziehungen zwischen je zwei Men-

schen. Ich kam damit auch nicht weiter. Da sagte die Stimme:
»Beweise Mut.« Ich wußte nicht, welche Rolle der Mut in einem
Strafprozeß spielt. Immer wieder gab mir die Stimme den gleichen
Befehl. Dann begriff ich, was sie meinte. Es ging nicht um die Ab-
straktion der Situation im Gerichtssaal, es ging um mein Leben. Ich
sollte etwas tun, was Mut erfordert.

Also ging ich auf den Flur und überlegte: Welche Schuhe? Die
schwarzen! Welche Jacke? Die braune aus Wildleder! Was noch?
Die Bibel!

So ausgerüstet und wild entschlossen ging ich auf die Straße. Dort
zog ich einen Schuh aus und stellte ihn auf den Gehsteig. Mit dem
zweiten Schuh humpelte ich weiter. Als mir Leute entgegenkamen,
hob ich den rechten Arm mit der Bibel zum Hitlergruß und brüllte:
»Heil Jesus!« Dann stellte ich mich mitten auf die Straße und hielt
den Verkehr an. Als mir das langweilig wurde, ging ich weiter zu
einem Friseursalon und forderte den Friseur auf: »Ich heiße Adolf
Schmetterling und will Skinhead werden. Schneide mir sofort eine
Glatze!«

Der Friseur versuchte, mich zu beruhigen. Andere Kunden saßen
im Laden und warteten. Eine Weile drängte ich noch den Friseur,
verabschiedete mich aber dann mit einer Drohung und verließ den
Salon. Der Schuh stand noch auf dem Gehsteig. Ich kam heil in
meiner Wohnung an. »Reicht dir das?« fragte ich die Stimme.
»Nein, du hast noch Angst vor Tabletten.«

Da nahm ich den Rest, den ich noch hatte – zwei Haldol und zwei
Tavor. »Reicht es jetzt?« fragte ich wieder. »Ja, du hast Mut bewie-
sen.«

Psychosen als Versuch, das Dasein zu verändern

Meine dritte Krise leitete eine persönliche Veränderung ein. Menschen, die mich länger kennen, bestätigen mir dies. Sie sagen, ich sei
jetzt lebhafter, offener und freier. Das sind schmeichelhafte Worte.
Ich nenne es aggressiver. Aggressivität ist für mich das Gegenteil
von Angepaßtheit, und Angepaßtheit habe ich bis zur Selbstaufgabe
durchexerziert. Den Gipfel der Unterwerfung bildete mein
Wunsch, dem höchsten Gott, dem Schöpfer der Welt zu dienen.
Kann es eine höhere Autorität geben? Das »Dein Wille geschehe«

betete ich mit Inbrunst. Schließlich konnte ich sogar mit Gott sprechen und seiner Stimme gehorchen. Es war eine Sackgasse – sie führte in die Psychiatrie.

Psychotiker sind nicht angepaßt. Also sind sie aggressiv. Sie reizen ihre Mitmenschen, indem sie aus der Rolle fallen. Indem sie unangepaßt, originell und kreativ sind, fordern sie lautstark Aufmerksamkeit. Das ist aggressiv.

Die Mitmenschen sind verunsichert und reagieren mit Gegengewalt. Sie sperren Psychotiker ein und verabreichen Beruhigungsmittel. Das entspricht dem Wunsch der Mehrheit nach Ruhe und Ordnung.

Ich deute dagegen Psychosen als Versuch, das Dasein zu verändern. Der Versuch ist nicht bewußt, weil Veränderung auch riskant und von Ängsten begleitet ist.

Die Funktion von Wahn ist Verdrängung. In meiner ersten Psychose brach ich aus dem Alltag aus. Ich gaukelte mir vor, gemäß Gottes Plan zu handeln. Um Menschen mißfallen zu können, brauchte ich einen Gott, dem ich gefiel. Ich konnte meinen Arbeitsplatz nur verlassen, indem ich mir einen Dienst für Gott einbildete. Damit ich aus meinem angepaßten Leben ausbrechen konnte, brauchte ich Gott in meiner Realität.

Trennungen

Als ich merkte, daß Gott nur in meiner Einbildung existierte, weil ich eine himmlische Autorität brauchte, um mich von irdischen Autoritäten freizumachen, gab es überhaupt keine Autorität mehr. Es war ein neues Gefühl, selbst das Ruder in die Hand zu nehmen. Mir fielen Menschen ein, denen ich bisher gefallen wollte und von denen ich mich dominieren ließ. Meine Eltern, meine Lehrer, meine Kommilitonen – und zuletzt Michael. In seiner Gegenwart war ich zuletzt akut psychotisch geworden. Wie hatte ich nur übersehen können, was für ein autoritärer Feldwebeltyp er ist?

Meinem Vater ähnlich.

Natürlich war ich auf die nächste Begegnung mit Michael sehr gespannt. Irgendwann rief er an. Ich bat ihn, genau zu schildern, wie er meinen Absturz in die akute Psychose erlebt hatte. Er erzählte, und ich machte Notizen.

Am Anfang sei ich noch ansprechbar gewesen. Er hätte mich gefragt, was ich gemacht habe. Ich hätte gesagt, das ginge ihn nichts an. Dann hätte ich aber immer weniger gesagt, schließlich nur noch einzelne Worte, und zuletzt hätte ich nicht mehr gesprochen. Um vier Uhr morgens hätte ich dann mit den Füßen so laut auf den Boden gestampft, daß Nachbarn angerufen hätten. Morgens hätte er meine Eltern und einige Ärzte angerufen.

Am selben Tag kam ich wieder in die Psychiatrie.

Michaels Beschreibung bestätigte meinen Verdacht.

Er war eine Autorität. Ich litt unter ihm, konnte ihn aber auch nicht rausschmeißen.

Vor dem nächsten Telefonat mit Michael überlegte ich mir eine Strategie, um ihn von seinem Sockel zu stoßen. Wenn er etwas sagte, widersprach ich ihm oder sagte, es langweile mich. Ich warf ihm vor, die Bundeswehr hätte ihn verdorben. Seitdem sei er neurotisch und dürste danach, andere Menschen zu beherrschen. Er wurde zornig und führte meine Psychose auf einen Tumor zurück. Er riet mir dringend zu einer Röntgenuntersuchung meines Schädels.

Damit war die Beziehung beendet.

Ich muß genug für mich tun

Seitdem ich in Beziehungen nicht mehr nur auf den passiven Part festgelegt bin und eine schlechte Beziehung auch von mir aus lösen kann, habe ich auch weniger Angst, neue Kontakte herzustellen. Im Café Treff setzte ich mich eines Tages zu anderen an den Tisch, und nach einer Weile konnte ich aus dem Gespräch heraus meinen Nachbarn fragen: »Du hast auch die Bibel gelesen?« Er antwortete spontan: »Ja, ich hatte sogar eine im Auto. Manchmal sagte der Geist: ›Fahr jetzt rechts ran und lies in der Bibel!‹ Ein anderes Mal sagte der Geist: ›Nimm die Bibel in den Mund.‹ Da nahm ich die kleine Taschenbibel zwischen die Zähne. Zum Glück hat mich kein Mensch so gesehen.« Der Mensch neben mir sprach mir aus dem Herzen. Ich traute mir ein Urteil zu und sagte: »Das ist ein schönes Bild. Du hast dich in die Bibel verbissen.« Wir sahen uns lange in die Augen, obwohl ich früher einen Blickkontakt nicht aushalten konnte.

Diese neue Erfahrung hatte auch in der Psychose begonnen: Jetzt sah ich allen Leuten in die Augen, bis sie wegschauten. Früher wich

ich stets zuerst den Blicken anderer aus. Ich bildete mir ein, meine Augen wären Laserkanonen. Wenn jemand wegschaute, sagte meine innere Stimme zufrieden: »Abgeschossen.« Die neue Fähigkeit blieb mir auch nach der Psychose erhalten. Ich probierte sie regelrecht aus. Ich stellte mich auf den Hauptbahnhof, um zu sehen, was passierte. Viele Menschen guckten nur kurz und gingen weiter. Dann sah mich einer an und kam auf mich zu. »Haschisch?« fragte er. »Nein danke«, sagte ich. Es war das erste Mal in meinem Leben, daß mich ein Dealer ansprach. Das war kein Zufall. Das war meine Leistung. Ich war sehr zufrieden.

Bei meinem letzten Klinikaufenthalt verlangte ich – gestärkt durch mein neues Selbstvertrauen – ein leichteres Neuroleptikum und meine Entlassung in zwei Wochen. Die Ärzte diskutierten nicht und sagten gleich zu. Ich war sehr verwundert. Vermutlich hat meine Körpersprache ihnen verraten, wie ernst ich es meinte. Meine Haltung, meine Mimik und Gestik, und auch meine Stimme haben sich verändert. Das Verhalten hat viele Facetten. Ich kann nicht jede davon bewußt kontrollieren. Die meisten Botschaften sind unwillkürlich.

Weil ich so wenig Einfluß auf mein Verhalten habe, empfinde ich es als ein Wunder, daß es sich von allein geändert hat. Ich bin sehr dankbar dafür.

Ich stelle mir vor, daß mein Verhalten von Mut und Angst gleichermaßen bestimmt wird. Wie zwei Schachspieler kämpfen sie um die Vorherrschaft in meinem Körper. Manchmal kann ich die Spannung spüren. Mut hilft mir, eine Situation zu gestalten. Wenn ich dabei meinen Mitmenschen wehtue, mögen sie ihren Unmut äußern, indem sie mein Verhalten als Aggression bezeichnen. Ich muß das in Kauf nehmen.

Angst hilft mir, nicht zu weit zu gehen.

In einer Beziehung oder einer Gemeinschaft muß ich ein Gleichgewicht zwischen Mut und Angst finden.

Vor meiner Psychose war das Gleichgewicht oft zugunsten der Angst verschoben. Seit ich mehr Mut habe, lerne ich mühsam, Gebrauch davon zu machen. Ich muß genug für mich tun. Das ist oft so viel, daß es anderen wehtut. Aber ich bin lieber innen eins und entzwei mit der Welt als eins mit der Welt und innen entzwei.

Sexueller Mißbrauch und Psychose
Eine erste Diskussion im Psychose-Seminar

Dieser Text beruht auf dem Protokoll einer Sitzung des Psychose-Seminars und dokumentiert die Schwierigkeit des Themas. Wir hatten uns lange nicht explizit damit beschäftigt, es vielleicht sogar gemieden. Im Zusammenhang mit dem Thema »Selbstheilung« war die Frage aufgetaucht, ob es wichtig ist, sich schlimme Erlebnisse/Traumata bewußtzumachen, und ob sexueller Mißbrauch in einem besonderen engen Zusammenhang mit Psychosen steht. Plötzlich hatte uns das Thema »erwischt«. Ich (Thomas Bock) war so selten nervös. In Fachdiskussionen ist sexueller Mißbrauch lange Zeit tabuisiert gewesen und dann zum Modethema aufgerückt – beides Formen von Verdrängung. So war ich fachlich nicht besonders gut vorbereitet. – Ich war vorher auch unsicher, ob es wohl sinnvoll ist, in einem relativ großen Seminar mit fast 100 Teilnehmern über dieses Thema zu reden. Jetzt weiß ich, daß es möglich ist, daß niemand sichtbar Schaden genommen hat und daß es der Enttabuisierung dient. Viele waren nachher sehr erleichtert, nicht nur weil das Gespräch vorbei war, sondern weil es möglich war. Natürlich kann so ein Seminar nicht der persönlichen Aufarbeitung i. e. S. dienen. Aber vielleicht kann es Erfahrenen und auch Angehörigen Mut machen, an anderer Stelle – in persönlichem oder therapeutischem Zusammenhang – offener zu sprechen.

Selten habe ich im Seminar so heftig widersprochen wie in dem Moment, als verlangt wurde, zu diesem Thema hätte nur die Gruppe der Betroffenen etwas zu sagen. Und doch war ich am Ende selber erstaunt und froh, daß (potentielle) Opfer und (potentielle) Täter über den Zusammenhang von sexuellem Mißbrauch und Psychosen miteinander sprechen konnten.

Was ist sexueller Mißbrauch?

Angesichts der Größe der Gruppe bemühten wir uns zunächst um eine begriffliche Bestimmung, was denn als sexueller Mißbrauch anzusehen ist:

* Sexueller Mißbrauch ist dann gegeben, wenn jemand zur sexuellen Befriedigung eines anderen gezwungen wird.
* Mißbrauch ist gegeben, wenn man nicht einwilligt oder Sexualität i. e. S. noch gar nicht kennt, also gar nicht einwilligen kann.
* Vertrauenspersonen können ihre Machtposition für die eigenen sexuellen Bedürfnisse mißbrauchen. Das können Eltern, Verwandte, Lehrer, Therapeuten u. a. sein. Mißbrauch ist Ausnutzung von Abhängigkeit.
* Mißbrauch setzt voraus, daß es Gebrauch gibt. Schon der ist fragwürdig.
* Mich hat früher eine Nonne geschlagen; später wurde mir klar, daß da auf ihrer Seite Lust im Spiel war.
* Muß Mißbrauch schlecht sein? Ich bin als Zehnjähriger von einem älteren Mitschüler verführt worden. Das war eher angenehm.
* Mißbrauch muß nicht mit körperlicher Gewalt verbunden sein, immer aber bedeutet er seelische Gewalt. Sexueller Mißbrauch ist eine umfassende Form von Gewalt.

Diese Anfangsphase mit ihrem mühsamen Abtasten, was gesagt werden kann, wurde unterbrochen von persönlichen Bemerkungen:

* Wie könnt ihr so sachlich reden? Dabei geht ja fast unter, welche Schmerzen ein Mißbrauch verursacht, welche tiefste Verunsicherung er bedeutet.

Diese Gratwanderung durchzog das ganze Seminar, wobei die ganz persönlichen Geschichten für mich den Rahmen dieses Berichts sprengen, sie gehören in einen biographischen Zusammenhang.

Nach dieser relativ breiten und offenen Definition ging die Diskussion auf zwei Ebenen weiter: Zum einen gab es persönliche Aussagen von Therapeuten und Psychose-Erfahrenen zur eigenen Konfrontation mit dem Thema. Zum anderen wurden eingrenzend Bedingungen genannt, die möglicherweise Mißbrauch zur Mitursache von Psychosen werden lassen kann:

Ob Mißbrauch zu schweren seelischen Störungen führt, hängt von der Sensibilität des Opfers ab und von seiner Fähigkeit zur inneren Abwehr, von seinem Alter und in dem Zusammenhang vor allem von seiner Fähigkeit zur sprachlichen Mitteilung / zur inneren Distanz, aber auch von der Dauer des Mißbrauchs und von der Beziehung zu anderen Menschen.

Nicht jeder Mißbrauch führt zu Psychosen. Und viele Menschen entwickeln Psychosen, ohne jemals mißbraucht worden zu sein. Dennoch scheint es so etwas wie einen inneren Zusammenhang zu geben: Beim Mißbrauch werden persönliche Grenzen mißachtet, wird ein Mensch »funktionalisiert«.

Und auch das Erleben in einer Psychose spiegelt häufig den Verlust von inneren Grenzen und die Angst, »funktionalisiert« zu werden.

Von Therapeutenseite wurde betont, daß Psychosen Verletzungen infolge eines Mißbrauchs sein können, aber zugleich auch als Versuch angesehen werden können, diese oder andere Verletzungen zu thematisieren, ihnen also verschlüsselt auf die Spur zu kommen.

»Opfer« und »Täter«

»Man darf nicht nur nach den Voraussetzungen der Psychose forschen, sondern muß auch fragen, was die Ursache von sexuellem Mißbrauch ist. – So sind z. B. viele Mißbraucher selber früher Opfer von Mißbrauch gewesen.« Diese Bemerkung löste eine heftige Diskussion aus, ob es in dieser Frage möglich bzw. erlaubt ist, »neutral« zu bleiben oder gar »objektiv«. – Wir einigten uns darauf, daß wir zwar nicht objektiv sein können oder wollen, aber in der Konstellation des Psychose-Seminars gar nicht umhin können, uns der doppelten Subjektivität zuzuwenden, also um Verstehen in beide Richtungen zu ringen. Zum einen sitzen hier (potentielle) »Opfer« und »Täter« oder auch »Mittäter«, zum anderen sind beide Aspekte selten in Reinkultur vertreten.

Angesprochen wurde in diesem Zusammenhang, daß Sexualität in unserer Gesellschaft – vor allem in der Werbung – häufig »funktionalisiert« wird, ein entsprechendes individuelles Verhalten also gebahnt wird. Verwiesen wurde auf Kulturen, in denen Sexualität mit Kindern, mit Einschränkung auch zwischen Eltern und Kindern längst nicht so tabuisiert wird wie bei uns. Andererseits sind Eltern bzw. überhaupt Erwachsene und Kinder in dieser Frage nicht (!) als gleich starke Partner anzusehen. Das Argument der »Verführung« durch Kinder kann Erwachsene nicht von ihrem Mehr an Verantwortung entlasten. Außerdem verdeckt diese Diskussion die ungeheure Brutalität manchen Mißbrauchs mit Kindern. Bei allem Bemühen um Verstehen, ist juristische und moralische Schuld nicht zu leugnen. Sonst bewegen wir uns psychologisierend in luftleerem Raum.

Hier wurde nun deutlich, wie groß bei diesem Thema die Gefahr ist, erneut so etwas wie eine pauschale Kollektivschuld zu verteilen. Die Mutmaßungen in manchen (wissenschaftlichen) Untersuchungen, Psychosen seien zu sehr hohem Anteil durch Mißbrauch bedingt, lassen Angehörigen nur noch die Rollen von Schuldigen oder Mitschuldigen. Monokausalen und einseitigen Zuschreibungen wurde mehrfach widersprochen: Zweifellos löse Mißbrauch großes Leid aus und bedeute Schuld, doch nicht »automatisch« Psychosen. Sie zu verstehen, erfordere die Beachtung größerer Zusammenhänge.

Wahrnehmungen der Angehörigen

Waren bisher die Angehörigen eher verstummt, halfen nun einige Beiträge, die Perspektive zu weiten:

* Mehrere Mütter berichteten von Gefährdungen bzw. von realem Mißbrauch ihrer erwachsenen psychotischen Kinder – im Krankenhaus, durch Mitpatienten und durch Therapeuten, in der Klinik und / oder auch im Alltag. In einer Psychose kann ein Mensch besonders offen für die Gefahr des Mißbrauchs sein.
* Eine Mutter machte deutlich, wie bedrängend für sie die Wünsche ihres 16jährigen psychoseerfahrenen Sohnes nach körperlicher

Nähe sein können. Auch umgekehrt kann der psychosebedingte Verlust von inneren Grenzen und von Selbst-Bewußtsein zum Überschreiten der Grenzen anderer Menschen führen.

* Eine Therapeutin ergänzte, daß das »Anmachen« von erwachsenen psychoseerfahrenen Männern für sie auch bedrohlich werden könne.

* Umgekehrt kam auch an dieser Stelle der aktive Mißbrauch durch (meist wohl eher männliche) Therapeuten zur Sprache.

Die Perspektive des Kindes

In der Diskussion rückte dann wieder die Perspektive des Kindes in den Vordergrund: Für ein Kind ist nicht nur die körperliche Verletzung schlimm, Mißbrauch bedeutet für ein Kind zugleich eine grundlegende Verunsicherung des Rollengefüges Familie und der eigenen Selbst-Gewißheit. Geschieht der Mißbrauch in der engeren Familie, ist aus der Perspektive des Kindes die Selbstverständlichkeit aller Beziehungen bedroht, also etwa die zu Vater *und* Mutter.

Möglicherweise muß man an dieser Stelle auch unterscheiden zwischen »hartem« und »weichem« Mißbrauch. Es gibt viele Formen der Verunsicherung der familiären Rollen, auch im Vorfeld eines Mißbrauchs: Das Kind, das im Todes- oder Trennungsfall zum Partnerersatz wird oder auf das Wünsche in massiver Weise übertragen werden, wird seinen eigenen Wünschen und Erwartungen entfremdet, also im Grunde genommen auch mißbraucht. Die Eigendynamik kindlicher Wahrnehmung mag dabei eine Rolle spielen. Diese Form der oft lang andauernden familiären Rollenverschiebung soll den Mißbrauch i. e. S. nicht entschuldigen. Die angedeutete Unterscheidung von verschiedenen Ebenen des Mißbrauchs mit allen Zwischenstufen kann aber möglicherweise die extrem unterschiedlichen und widersprüchlichen empirischen Ergebnisse etwas verständlicher machen.

Am Schluß gab es noch einmal zwei Hinweise, die auch für andere Diskussionen von Bedeutung sein könnten:

* Es könnte wichtig sein, Bedingungen von Störungen als solche zu benennen, sie also nicht zu verschleiern, dieses Feststellen von (wechselseitigen) Zusammenhängen aber völlig zu trennen von Schuldfragen.

* Für Menschen, die als Kinder Opfer von Mißbrauch geworden sind, ist es häufig als erstes wichtig, daß sie den erlittenen Schaden sich selbst verzeihen. Schließlich sind sie nachhaltig geprägt von der (egozentrischen) Perspektive des Kindes, das gewohnt ist, alle Wirkung sich selbst zuzuschreiben. Deshalb kann es heilsam sein, der Wut und Enttäuschung gegenüber anderen erst einmal Raum zu geben, bevor dann möglicherweise Versöhnung und wechselseitiges Verstehen Platz finden. Dieser innere Ablauf wurde von einigen geschildert.

Auf die eingangs an alle gerichtete Frage: »Ist sexueller Mißbrauch eine wesentliche Ursache von Psychosen?« antworteten schriftlich und anonym

	Ja	unklar/ weiß nicht	Nein
von 23 Psychose-Erfahrenen mit	19	4	0
von 24 Angehörigen mit	17	3	4
von 25 Mitarbeitern/Studenten mit	17	6	2

Psychose und Liebe

»Schau! Im zweifelhaften Dunkel
glühen blühend alle Zweige.«
J. W. v. Goethe

Gertrud Türk

Vier Hände

Ein Liebesgedicht

Man trieb uns
mit Hammer und Amboß
Nägel
in die Achselhöhlen –
so fühlen wir uns ständig
von unseren Peinigern
verfolgt.
Aber nun verfügen wir
zusammen über vier Hände.
Zwei davon
ballen wir ständig zu Fäusten.
Zwei halten wir ständig
streichelwarm.

Psychose und Partnerschaft

Die schwierige Balance zu zweit

Nicht selten wird immer noch davon ausgegangen, daß schizophrene Psychosen zwangsläufig mit einer »Verflachung« der Gefühle einhergehen, tiefe Liebesgefühle daher ausgeschlossen und Partnerschaften nahezu unmöglich sind. Manche Psychiater verbinden die Diagnose Schizophrenie fast automatisch mit dem Rat an den Partner bzw. die Partnerin, sich zu trennen. Entspricht diese Einschätzung den Tatsachen oder besser gesagt den Erfahrungen?

Im Psychose-Seminar haben wir uns sowohl mit den Veränderungen der Gefühlswelt als auch mit den Konsequenzen für eine Partnerschaft beschäftigt und dabei folgende Erfahrungen gesammelt.

Andere Gefühlswelt oder »Verflachung«– in welcher Weise verändern sich in einer schizophrenen Psychose die Gefühle?

* Die Gefühle »verflachen« insofern, als die Beziehungen zu anderen Menschen nicht mehr wichtig sind.
* Die Gefühle werden durchlässiger.
* Manche Gefühle werden extremer, andere bedeutungslos; die Zwischenräume werden unbedeutend.
* Die Musikalität nimmt zu.
* Die »irrealen« Gefühle bieten einen Fluchtweg.
* Meine Gefühle bleiben mir auch weiterhin bewußt; nur der Zusammenhang zur Realität ist irgendwann nicht mehr zu finden.
* Meine Gefühle sind in der Psychose extrem, »abgeflacht« ist höchstens die Ausdrucksfähigkeit der anderen.
* Vorher waren meine Gefühle mittelmäßig; dann konnte ich Wut spüren. Endlich. Das war wahnsinnig schön.
* Meine Gefühle äußern sich dann in Bildern und Geschichten. Ich habe ein feineres Gefühl für Zwischentöne.
* Ich habe dann kein Gefühl mehr für Situationen, doch um so mehr für das, was sich in mir abspielt. (»Aber wo kommen die Gefühle denn her, wenn nicht aus den Situationen?« – »Fragen Sie Gott.«)
* Die Zeiten verschieben sich. Geschichten und Gefühle aus der Vergangenheit sind in der Gegenwart unmittelbar lebendig.
* Meine Gefühle sind dann ungelenkter, ungelernter – einfach nur da.
* Früher habe ich mich immer versteckt, war in Gefühlen immer bei jemand anderem, mit ganz feinen Antennen für das, was andere wollen. In der Psychose war es dann umgekehrt: keine Antennen mehr für andere, alle Aufmerksamkeit nur noch in mir selbst versammelt.
* Meine Gefühle waren nach der Psychose andere als vorher. Geklärter, bewußter, vielleicht auch sensibler.
* Ich habe dann agitiert ohne Hemmschwelle, habe auf andere eingeredet – ohne Grenzen.

* Aus der Ohnmacht wachsen Allmachtsphantasien: Ich war dann die Göttin der Gerechtigkeit. Und in der Realität bekam ich meine eigene Scheidung nicht mehr geregelt.
* Der Wahn wächst aus dem eigenen geringen Selbstwertgefühl.

Warum erleben Angehörige und Mitarbeiter in Psychosen in erster Linie Angst?

* Der Gegensatz von Ohnmacht und Allmachtsphantasien ist extrem.
* Die Aufmerksamkeit ist eben ganz von der Umwelt abgezogen und nach innen gerichtet.
* Einige Gefühle äußern sich extremer; das ist dann sehr ungewohnt.
* Existentielle Themen brechen unvermittelt durch: Leben und Tod. Alleinsein und Angewiesensein.
* Der Anspruch von Profis, Psychosen zu heilen (Symptome schnellstmöglich zu beseitigen), lähmt und erschlägt ehrliche Gefühle. Dabei reicht es doch, wenn der/die andere vor allem da ist und sich nicht versteckt.

Wir dürfen nicht leugnen, daß es in langandauernden Psychosen auch Entwicklungsphasen gibt, in denen Gefühle nur eingeschränkt erlebt werden können; bestimmte Beschränkungen zu chronifizieren drohen. Ob diese »Reduktionen« nun notwendig sind oder nicht, ob sie von innen heraus wachsen oder als Antwort auf Unverständnis und schlechte Behandlung, muß dabei offen bleiben.

Konsequenzen für die Partnerschaft

Psychotisch zu sein, bedeutet in aller Regel, in seinen Beziehungen zu anderen Menschen gestört zu sein. Wenn sich Wahrnehmungen verfremden und Selbstverständlichkeiten auflösen, wird Kommunikation schwierig.

Doch niemand ist nur psychotisch, sondern zugleich Träger vieler Eigenschaften, die für die Gestaltung von Beziehungen bedeutsam sind. Und auch Beziehungen ohne Psychoseerfahrung durchlaufen Phasen gestörter Kommunikation – aus welchen Gründen auch immer. Deshalb ist die Schlußfolgerung, Partnerschaften von und mit schizophrenen Menschen seien unmöglich, kurzsichtig. Es ist wohl notwendig, genauer hinzusehen. Zur Anregung mögen die folgenden Erfahrungen aus dem Psychoseseminar dienen.

* In der Psychose hat der Partner oder die Partnerin keinen Zugang mehr, auch körperlich nicht.

* Der Partner wird als »Stachel« erlebt; die Äußerung: »Du bist ja krank« als Angriff.

* Der Partner wendet sich ab. Sex spielt keine Rolle mehr.

Die Gefahr ist groß, daß man in der Psychose und wegen der Psychose in der Partnerschaft und in seinen partnerschaftlichen Bedürfnissen nicht mehr ganz ernst genommen wird. Dabei schließt sich das gar nicht aus. In der Psychose wächst die Notwendigkeit, Abstand zu wahren, weil Nähe *und* Ferne schneller als Verletzung erlebt werden. (Vielleicht ist die Psychose schon Ausdruck eines Rückzugs.)

Angehörige berichteten, daß sie sich auch als Partner mit einbezogen sahen: »Mein Partner sah überall Nazis am Werk. Schließlich gehörte ich auch dazu. Soll ich mich wehren, oder das alles hinnehmen und mitspielen?« In der Diskussion ergab sich die These, daß die Psychose in der Partnerschaft die Bedeutung einer *Prüfung* haben könnte, im Sinne einer doppelten Frage: Stehst Du zu mir, ohne Dich völlig einwickeln zu lassen. Bleibst Du Du mit eigenen Grenzen, aber bewahrst mich in Dir?

Für einige Psychoseerfahrene fand noch eine andere Art Prüfung statt: Die Psychose war eine Art vorläufige Trennung. In Verbindung, aber ohne Beziehung sein. Allein und doch umgeben. – Und: »Die Psychose hat mir geholfen, mich zu trennen. Zugleich war sie der Preis dafür, daß ich mich trennte.« – »Schließlich habe ich diese Art Beziehungen zu den sog. Normalen auch aufgegeben. Sie waren immer minimalistischer geworden. Bei den anderen, die Psychosen auch kannten, fand ich mehr Tiefgang, mehr innere Basis.« – »Die Wahrnehmung schärft sich in der Psychose, auch für das, was mich von meinem Freund trennt. Schließlich konnte ich ihn nur noch als Spion fremder Mächte sehen.«

Andere berichteten, sich gerade von der Unterschiedlichkeit des anderen angezogen und gehalten zu fühlen. Daraus ergab sich die

Frage, ob schizophrene und manisch-depressive Psychosen für Partnerschaften möglicherweise eine unterschiedliche Bedeutung haben. These: Schizophrene Psychosen entstehen in der Phase der Trennung vom Elternhaus, bei der Verselbständigung. Beziehungen können dabei helfen und Stabilität geben, wenn sie der besonderen Belastung durch die Psychose standhalten. Dafür können Beziehungen zu Dritten unerläßlich sein, um nicht alle Bedürfnisse, Wünsche, Ängste auf den Partner zu übertragen. – Manisch-depressive Psychosen entwickeln sich meist später bzw. kommen in späterem Lebensalter / Lebensabschnitt zum Ausdruck; Anlaß können Trennungen oder Trennungsängste sein. Manchmal wird die Partnerschaftsdynamik unmittelbar in den Krankheitsverlauf eingeflochten: Immer abwechselnd ist der eine oben und der andere unten. Wie zwei Paternoster-Aufzüge, die aneinander vorbeirauschen. Auch dabei kann Begegnung, Reibung und Wärme entstehen.

Am Schluß stand noch ein allgemeiner Gedanke: Sich in einer Partnerschaft zu binden, ist eine schwere Lebensaufgabe, an der viele Menschen scheitern, keineswegs nur psychoseerfahrene, und bei der viele Krankheiten / Störungen / Spannungen entstehen können, keineswegs nur Psychosen. Schließlich geht es um eine »existentielle Balance«: Unweigerlich allein zu bleiben. Und unweigerlich auf andere Menschen angewiesen zu sein. – Doch könnte es sein, daß psychosenahe Menschen für diese grundlegende Spannung, für diese anthropologische (banale) Wahrheit besonders empfänglich sind. Vielleicht auch, daß manche von ihnen eben wegen dieser besonderen Empfänglichkeit und Verunsicherbarkeit zu dieser Balance nicht in der Lage sind und ihr Beziehungsbedürfnis auf anderem Wege zu stillen versuchen müssen als über Partnerschaft.

Die Diskussion zu dieser Frage wurde dann noch angeheizt durch die vielfache Beobachtung, daß viele psychoseerfahrene Menschen in Zeiten, in denen es dem Partner oder der Partnerin schlecht geht – z. B. durch einen Unfall, eine schwere Krankheit oder Tod der Eltern usw. – plötzlich eine relative Stabilität entwickeln, dem Anlehnungsbedürfnis des anderen Halt geben und aus dieser Erfahrung wiederum Selbstbewußtsein gewinnen können.

Nikola Bock

Göttlicher Funke?

Auf der Suche nach geschlechtsspezifischen Psychose-Inhalten

Die Verfasserin dieses Berichts ist Historikerin und eher zufällig im Psychoseseminar. Sie hat mit Psychosen bisher nichts zu tun gehabt. Ihre unbefangene Perspektive ist also in diesem Buch eine Ausnahme – mit eigener Aussagekraft.

Lebensgeschichten

Es ist eine angenehme Stimmung gleich zu Anfang, locker und ausgelassen. Thema dieser Sitzung soll sein, ob alle Psychosen (wie Träume) verschieden sind. Oder ob es Konflikte/Themen gibt, die sich wiederholen und die sich vergleichen lassen. Und ob es typisch männliche und weibliche Themen gibt.

Wir beginnen mit einem Spiel. Jeder soll in Kürze eine Psychose beschreiben, kennzeichnen, ob sie männlich oder weiblich ist, dann wird der Zettel abgegeben und anonym verlesen. Alle sollen raten, ob es sich wohl um eine männliche oder weibliche Psychose handelt. – Ich bin erstaunt: es erscheint mir doch ziemlich intim, mal eben eine Psychose aufzuschreiben. Nicht erzählen, sondern auch noch aufschreiben, was mir noch persönlicher vorkommt. Aber das geht vielleicht nur mir so. Ich entscheide mich dagegen, selber etwas aufzuschreiben, mit dem Vorwand vor mir selbst, als Außenstehende zu keiner der drei Gruppen zu gehören, ja noch nicht einmal genau zu wissen, was Psychose eigentlich ist, bzw. ob das, was ich damit verbinde, eigentlich der Definition entspricht, die hier zugrunde liegt. – Es ist tatsächlich ein Vorwand: denn im Laufe des Abends fällt es mir ganz leicht, einfach mitzumachen, mich dazugehörig zu fühlen. Für mich ist alles wie Lebensgeschichte(n) – und ich habe immer mehr das Gefühl, damit auch nicht falsch zu liegen.

Ein Spiel

Bitte lesen Sie die folgenden psychotischen Eindrücke mit der Frage, ob sie wohl männlichen oder weiblichen Ursprungs sind. So war auch die Aufgabe im Psychose-Seminar selbst. Die Auflösung finden Sie auf Seite 188.

1. Ich bin gegen alle deutschen Sportler. Neulich sprangen die deutschen Skispringer sehr kurz. Die tschechischen (ich bin immer für die Tschechen) sprangen weiter. Meine Nachbarn bekamen einen Wutanfall. Ich identifiziere sie mit meinen Stimmen, die manchmal leise, manchmal laut sind. Daraufhin stampfte ich zweimal kurz auf (meine Nachbarn hatten neulich, als ich einen Wutanfall hatte, gegen die Decke geklopft). Eine Frau rannte laut lachend das Treppenhaus hinab. Am nächsten Tag begegnete ich ihr und begrüßte sie ganz normal. Ich weiß nicht, ob das psychotisch ist, aber bei mir bildet das Innere und Äußere eine Einheit. Um mich gegen das Innere und Äußere erfolgreich verhalten zu können, muß ich undurchschaubar bleiben.

2. Morgens wachte ich auf. Ich war psychotisch. Ich wollte zur Kirche gehen, ganz bis nach W., was weit weg ist von meiner Wohnung. Ich fuhr in der S-Bahn, und plötzlich kam mir die Idee, daß ich Jesus sei. Ich glaubte, mich fest zu erinnern, daß meine Mutter erzählt hatte, ich sei aus einer jungfräulichen Zeugung entstanden – eine Einbildung von mir. Ich ging in die Kirche, und nach dem Abendmahl sagte der Pastor, er feiere den neuen Bund mit Christus. Das war dann für mich der Beweis. Dieser neue Bund war durch mich entstanden.

3. Ich habe mir eingebildet (es ist wohl mein heimlicher Wunsch), so klug wie Einstein und Leonardo da Vinci zu sein. Mein Ziel war es, alle Krankheiten zu erforschen und zu heilen. Damit wollte ich so viel Geld verdienen, daß ich aus der Erde einen Garten Eden machen wollte. Ich fühlte mich dazu berufen, die ganze Welt zu retten. Dieser Größenwahn hat mich bis zur Verzückung gebracht, war aber gleichzeitig bedrohlich, weil ich ja auf einmal eine schier unermeßliche Verantwortung tragen mußte.

4. U-Bahnfahrt: Angst, Schwindelgefühl, Zittern, Schwitzen... Beobachtung der anderen Fahrgäste, ob sie es bei mir merken,

daß ich in anderem Zustand bin, ob sie mich beobachten. Ich höre kaum noch, sehr schlecht. Die anderen schauen gerade weg, wenn ich zu ihnen hinsehe. Attrappen. Es sind keine Menschen mehr, es sind Roboter, Maschinen, die Menschen täuschend ähnlich sehen. Kurz vor Ohnmacht, Angst, bewußtlos zu werden. Flucht. Höhnisches Grinsen, laut. Realität zur Ungläubigkeit.

5. Ich habe selbst die sogenannte schizophrene Kopfstimme gehört. Sie war freundlich, hat mich begleitet und gespürt. Sie hat nicht geschimpft und keine Befehle gegeben, sondern Anregungen gebracht.

6. Ich fühle mich von einer Frau verfolgt, die mir ständig Befehle gibt, was ich zu tun habe. Alle schönen Dinge des Lebens werden von dieser in der Realität nicht existierenden Frau verboten. Ich kann mich nicht wehren, leide sehr darunter, diesem Geschehen hilflos ausgeliefert zu sein, bin aber der festen Überzeugung, daß sich diese Frau auch tatsächlich in meiner Nähe befindet und durch Gedankeneingebung Einfluß auf mich nimmt.

7. Erfahrung von etwas, das mir auf dem Kopf sitzt und seinen Stachel durch meine Schädeldecke sticht.

8. »Die Welt hält an«, das heißt aus einem dynamischen Um-sich-Geschehen wird Starre, Lautlosigkeit. Umgebung wird bildhaft, das heißt wie eine gemalte Kulisse, leblos und stumm und taub. Es herrscht absolute Isolation. Beziehungen zur Welt bestehen nicht mehr. Beschrieben als »Weltraumgefühl«: Kälte – Leere – grenzenlose Räume.

9. Beelzebub und zig namentlich benennbare Dämonen (zum Teil mit biblischen Namen) quälten und schlugen mich und redeten auf mich ein.

10. Verfolgt und bedroht werden vom MAD. Dieser steuert über einen Empfänger bei mir mein Verhalten, will mich umbringen.

Dann werden die einzelnen Erlebnisse verlesen. Alle raten laut mit. Es ergeben sich kleine Diskussionen über Vorurteile, warum eine Psychose, in der Fußball vorkommt, unbedingt männlich sein muß, warum sie nicht auch von einer Frau sein könnte, ja fast schon sollte – schon allein wegen der Emanzipation. Und daß es doch viel zu

einfach sei, anhand von solchen Themen und anhand des Sprachge-
brauchs in den Beschreibungen die männlichen von den weiblichen
zu unterscheiden.

Es zeigt sich dann schnell, daß viele Erlebnisse nicht so leicht ein-
zuordnen sind. – Nach der Pause lassen wir diese spezielle Frage
nach männlichen / weiblichen Psychose-Inhalten relativ schnell fallen. Vielleicht hat sich die Beliebigkeit der Argumente, was nun typisch männlich oder weiblich ist, schon in dem Spiel zu deutlich
gezeigt. Vielleicht ist es auch einfach zu unwichtig. Jetzt konzentriert sich die Diskussion darauf, ob es allgemeine Themen gibt, die
sich in Psychosen wiederholen.

Auf Anhieb werden zwei Themen genannt: Zum einen das Un-
durchschaubarbleiben, die Geheimhaltung bzw. die Provokation.
Und als zweites Thema religiöse Inhalte.

Dabei wird von einer Frau sehr ausdrücklich beschrieben, daß die
Hinwendung zur Religion in der Psychose schon der Versuch sei,
sich aus der Psychose selbst zu retten. Die Angst ist sozusagen vorher, und der Inhalt einer Psychose bedeutet schon Bewegung.

Eröffnung einer anderen Welt

Ein anderer meint, daß religiöse Inhalte so oft vorkommen, weil die
Religion die Eröffnung einer neuen, anderen Welt bedeutet. Es wird
diskutiert, ob religiöse Inhalte in Psychosen von religiöser Erziehung im Elternhaus abhängig sind. Dabei stellt sich die Frage, ob im
allgemeinen psychotisches Erleben eher mitläufig oder gegenläufig
zur sozialen / familiären Umgebung sei. Das scheint mir unbeant-
wortbar zu sein, außerdem auch eher ablenkend von Inhalten. Das
Gefühl habe ich häufiger in der Diskussion, daß immer wieder eher
hilflose Strukturierungsversuche oder Einordnungen versucht werden, die dann fallengelassen werden.

Ein Mann beschreibt sein Erleben vor allem als völlig verändertes
Sehen und eine andere Zeitwahrnehmung: Gleiches Erleben wie
sonst, nur viel ›heller‹ und ›stärker‹. Der Drang danach, viel Sicht zu
haben. Die Zusammenhänge ganz stark zu spüren. Ein überstarkes
Licht und die Zeit durch sich hindurchfließen zu lassen.

Die Beschreibung finde ich faszinierend. Sie erinnert mich sehr an
Wahrnehmungen unter Drogen. Auch an die Interviews mit Stu-

denten, die ich einmal zum Thema »nicht erklärbare Bewußt-
seinszustände« gemacht habe. So vieles kommt mir so bekannt vor
in den geschilderten Erlebnissen, gar nicht fremd, auch nicht so un-
gewöhnlich. Wo liegt wohl die Grenze, daß man nicht mehr ausstei-
gen kann aus dem Erlebnis, daß es zum Dauerzustand wird?

Mystiker

Ein anderer sagt, daß sich in den Themen der Psychosen die vier
Elemente widerspiegeln: Feuer, Erde, Luft und Wasser. Wieder ein
anderer sagt, daß eben das Fundamentale/Elementare überhaupt
ein Kennzeichen der Psychose ist: kollektiv Unbewußtes, gespei-
cherte Denkinhalte, die sichtbar werden. Es fallen Begriffe wie ›Er-
leuchtungsprozeß‹, ›Reinigungsprozeß‹, eine ›Aura‹ ausstrahlen. Es
wird davon gesprochen, daß die moderne Gesellschaft so viel grob-
stofficher geworden ist, daß dagegen im psychotischen Erleben eine
vergangene Feinstoffigkeit wiederauflebt; Archetypen sichtbar
werden und das eine Chance ist, die Innenwelt zu erforschen.
Wahnsinn und Demut, so faßt es jemand zusammen.

Mich erinnern die Worte, die benutzt werden, an ein Referat, das
ich während des Studiums über Thomas MÜNTZER unter dem Titel
»Mystiker und Revolutionär« schrieb. Nicht nur die Worte, sondern auch dieser Wunsch nach Welterklärung: im Kleinen, im einzelnen, im Detail steckt das Ganze. Der »Göttliche Funke«, wie es
ein Thomas MORUS schrieb.

Wir sprechen dann von den Angstanteilen in Psychosen. Ist die
Angst im Erleben selbst oder erst in der Reaktion auf andere, in dem
Erleben der Nicht-Vermittelbarkeit. Oder auch, wie jemand sagt,
die Angst vor den Projektionen der anderen, vor dem, was sie unbewußt tun, die Vorstellungen, die sie in einem abladen. Die Welt der
Vorstellungen, die ebenso existent ist wie die äußere Welt, nur eben
nicht materiell, auch das ist eine wichtige These der alten Mystiker.
Wir reden weiter darüber, ob wir diese Form der Vergeistigung
überhaupt wirklich verstehen, erfassen können. Es wird dagegen
gehalten, ob dies nicht alles viel zu romantisiert sei, denn psychotisches Erleben ist doch oft sehr grauenvoll.

Jemand sagt, daß man von solchem Erleben nicht als positiv oder
negativ sprechen könne, sondern daß es eben existentiell und des-

wegen wahr sei: man sieht nur *das*. Die Beschreibung erinnert mich wiederum an Thomas MÜNTZER, nur ist vielleicht sein Glaube an einen neuen Himmel und eine neue Erde stärker gewesen: »Wer sich selbst überlebt, verfehlt seine Biographie. Letzten Endes können nur die abgebrochenen Schicksale als vollendet gelten.« (Aus M. E. CIORAN: Der zersplitterte Fluch, Frankfurt, Suhrkamp 1987, S. 22)

Für mich bleibt die Frage offen, warum sich die verschiedenen Realitäten ausschließen müssen? Der Gewinn einer Empfindungsmöglichkeit und der Verlust einer anderen. Aber warum können die beiden Realitäten oder Wahrnehmungsebenen dann nicht mehr nebeneinander bestehen oder zumindest einen Rhythmus finden? Und wo beginnt das für den einzelnen, der psychotische Erlebnisse hat? Gibt es eine Entscheidung irgendwann, für die eine oder andere Realität? Und läßt sich der Moment beschreiben, in dem die beiden Realitäten nicht mehr zueinander finden?

Gyöngyvér Sielaff, Thomas Bock

»Mit meiner Mutter stimmt was nicht.«

Wahrnehmungen von Kindern psychosekranker Eltern

> »Der Schutzengel, die Sympathie,
> wir brauchen ihn immerzu.«
> Max Frisch, Tagebuch 1949

Angehörige melden sich verstärkt zu Wort. Vor allem Eltern, aber auch Partner finden inzwischen mehr Gehör. Doch die Perspektive von Kindern psychoseerfahrener Eltern wird nach wie vor kaum wahrgenommen. Auch Psychiatrie-Mitarbeiter, die selber Kinder haben, vernachlässigen oft die Situation von Kindern psychose-erfahrener Eltern und versäumen es, deren Wahrnehmung einzube-ziehen. Offensichtlich findet ein Verdrängungsprozeß statt. Späte-stens seit der massenhaften Zwangssterilisierung von psychisch Kranken in der Nazi-Zeit ist die Frage, ob sie Kinder haben »dür-fen«, historisch belastet. Egal, ob sie »dürfen«, sie haben Kinder! Und deren Wahrnehmung verdient Aufmerksamkeit! Um ihrer selbst willen, d. h. um das Schicksal dieser Kinder nicht nur durch die Brille von Vorurteilen zu sehen. Aber auch um der Eltern willen: Die Wahrnehmungen der (inzwischen erwachsenen) Kinder sind wichtig, um besser zu verstehen, was es heißt, mit Psychosen zu leben. Die folgenden Darstellungen von inzwischen erwachsenen Kindern psychoseerfahrener Mütter sind das Ergebnis einer sinnge-mäßen Verdichtung längerer Gespräche.

Kinder sind den Belastungen, wenn ein vertrauter Mensch sich verfremdet, relativ ungeschützt ausgesetzt. D. h. sie brauchen die Unterstützung von Dritten, seien es Familienangehörige (z. B. Ge-schwister, der andere Elternteil oder Großeltern), Lehrer oder Psychiatrie-Mitarbeiter. Deutlich wird aber schon an den hier wie-dergegebenen drei Berichten, daß sie nicht über einen Kamm zu scheren sind: Kinder entwickeln sehr eigene Formen der Bewältigung oder Verarbeitung. Und sie sprechen im Rückblick nicht nur von belastenden Momenten, sondern auch von positiven Anstößen für die eigene Entwicklung.

Psychoseerfahrene Eltern sind nicht nur schizophren oder manisch-depressiv, sie haben noch viele andere Eigenschaften, die die Beziehung zu den Kindern beeinflussen. Diese hat eine Geschichte vor, zwischen und nach den Krankheitsepisoden. In mancher Hinsicht vermitteln die Schilderungen der Kinder sogar den Eindruck, daß sich in den Krankheitszeiten nur verstärkt, was an Chance oder Risiko ohnehin schon vorhanden war.

Allen drei Gesprächspartnerinnen hat das (Ver)Schweigen, die Tabuisierung der Krankheit durch Verwandte, aber auch durch die Psychiatrie-Mitarbeiter zu schaffen gemacht. Insofern fordern die Gespräche auf, sich Gedanken zu machen, wie eine kindgemäße Information bzw. Einbeziehung aussehen kann.

Dorothea A. (26):
»Welches Kind möchte nicht stolz sein?«

Frau A. wurde 1958 als zweites von vier Kindern auf einem kleinen Bauernhof geboren. Sie war 16 Jahre alt, als ihre Mutter an einer Psychose erkrankte.

Verunsicherungen

Meine Mutter hatte schon immer, seit ich zurückdenken kann, Schwierigkeiten im Umgang mit Menschen. Sie war nicht in der Lage, sich zu schützen, z. B. wenn man sie vielleicht ein bißchen auf die Schippe genommen hat. Sie hat immer alles sehr, sehr schwer und persönlich genommen. Sie hat sich dann mehr und mehr zurückgezogen von den Menschen, hat sich sehr stark isoliert. Daran merkte ich als Kind, daß mit meiner Mutter etwas nicht stimmte: Die ist nicht so normal, integriert, beliebt oder einfach nur im Gespräch mit den Nachbarn. Es war sehr schwer für mich. Welches Kind möchte nicht auf seine Mutter stolz sein. Das konnte ich nicht. Im Gegenteil, ich schämte mich und wünschte mir immer eine andere Mutter.

Vertraute des Vaters

Ich war mehr ein Vater-Kind. Das hatte seine Auswirkungen: Mein Vater hatte letztlich in meiner Mutter keine richtige Unterstützung gehabt, meine Mutter aber auch keine Unterstützung von meinem Vater. Mein Vater verstand sie in ihren Schwierigkeiten nicht. Er konnte es überhaupt nicht nachvollziehen, wieso sie so empfindlich war. Sie hat sich von ihm zu Recht sehr allein gelassen gefühlt. Und dieser mein Vater, der auf gewisse Weise gar nicht da war, war eben auch auf Unterstützung angewiesen. Und so kam seltsamerweise ich in die Rolle der Unterstützerin meines Vaters. In gewisser Weise war das mein Auftrag – oder anders ausgedrückt – ich wurde gezeugt mit dem Auftrag, meine Mutter zu retten. Ich geriet immer mehr in die Rolle der »Fürsorgerin«, nicht auf praktischem, sondern auf dem emotionalen Gebiet. Wenn mein Vater z. B. meinen Geschwistern etwas sagen wollte oder wenn er sich Sorgen machte, kam er zu mir und sagte: »Mach du das mal, du kannst das besser.« In gewisser Weise ist das auch eine Art Mißbrauch gewesen.

Ausbruch der Psychose

Meine Mutter begann Stimmen zu hören. Sie begann, in den Wänden Mäusen zu sehen, die nicht da waren, die sie abhören wollten. Sie begann, draußen auf der Straße Polizisten wahrzunehmen, die sie abholen sollten. Und speziell, wenn sie mich und meinen Vater zusammen sah, ist sie vor uns beiden weggelaufen. Sie ist zu meiner Oma, zur Mutter meines Vaters, die damals noch mit bei uns wohnte, geflüchtet. Sie hat also auch mich als »gegen sie« empfunden. Was sicher auch zu einem Teil stimmte, weil mein Vater und ich einen besonderen Draht zueinander hatten. Ich kann mir vorstellen, daß da vielleicht Rivalität und Konkurrenz eine Rolle gespielt haben.

Die andere Seite der Mutter

Das Verrückte ist, daß meine Mutter auch während ihrer akuten psychotischen Phase immer gekocht hat. Das sitzt anscheinend so drin, das hat sie so verinnerlicht: Ihre einzige wirkliche Aufgabe ist, die Familie mit Essen zu versorgen. Wenn wir dann die Küche betraten, ist sie weggelaufen. Aber wenn man aus der Küche ging, ist sie zurückgekommen und hat weitergemacht. Sie hat dann alles auf den Tisch gestellt und ist wieder weggelaufen.

Am Anfang meiner Kindheit habe ich meine Mutter überhaupt als eine sehr kreative Frau erlebt, die rein handwerklich alles Mögliche machte und konnte. Sie hatte auch Geschmack, wirklich guten Geschmack. Da ist eigentlich sehr viel Potential an Kreativität in ihr gewesen.

Späte Wut

Als meine Mutter ins Krankenhaus kam, habe ich sie nicht besucht und wollte gar nicht so genau Bescheid wissen. Ich habe versucht, mich zu schützen. So habe ich auch nicht erfahren, daß meine Mutter mit Elektroschock behandelt wurde.

Als ich das dann im Studium erfuhr, was das konkret bedeutet, war ich entsetzt. Ich habe gedacht, das darf doch nicht wahr sein. Da hätte es doch wirklich andere Mittel und Wege geben müssen. Auch auf meinen Vater, der natürlich von Tuten und Blasen keine Ahnung hatte, kriegte ich eine Wut, weil er sich nicht richtig erkundigt hatte. Immer nach dem Motto: Was die Ärzte machen, ist schon gut und richtig.

Bei uns zu Hause war keine Atmosphäre, die Geborgenheit vermitteln konnte. Daß die Eltern überhaupt vier Kinder haben zeugen können, ist mir ein Rätsel. Auch sonst gab es wenig Unterstützung. Die Oma, die bei uns lebte, starb kurz nach dem Ausbruch der Psychose meiner Mutter.

In der Situation hätte ich mir auch von den Ärzten mehr Unterstützung gewünscht. Einfach eine Einladung, vielleicht über meinen Vater: Kommt doch mal her, ich lade euch zu einem Gespräch ein, ihr habt dann Raum, Fragen zu stellen. Ich hatte niemanden für meine Fragen, meine ganze Betroffenheit, mein Verwirrt- und Verunsichertsein und für meine Scham. Das ist hart, verdammt hart. Das mit kindgerechten Worten einfach erklärt zu bekommen, was da mit dem einen Elternteil los ist, ein bißchen Wärme und Fürsorge, das hätte ich schon gerne gespürt.

Schon früh hatte ich den Gedanken, daß ich nicht so werden will wie meine Mutter. Das hat mich insofern geprägt, daß ich meine eigenen Ängste, Unsicherheiten, meine eigene Bedürftigkeit oder Hilflosigkeit nur sehr schwer habe annehmen können. Wer andern hilft, spürt die eigene Schwäche nicht mehr so sehr, sondern erlebt sich als stark und mächtig.

Inzwischen ist mir klar, daß meine Mutter einen ganzen Teil Angst und Unsicherheit stellvertretend für meinen Vater ausgelebt hat. Davon bin ich fest überzeugt. Die beiden haben sich polarisiert. Und nachdem ich mehr und mehr auch die Schwächen meines Vaters erkannt habe und mir bewußt geworden ist, wie sehr mein Vater mich (im übertragenen Sinne) mißbraucht hat, habe ich mich meiner Mutter wieder mehr angenähert. Ich habe gemerkt: Das bist ja nicht nur du, die schwache und die verrückte, sicher ängstliche Frau, sondern er hier, dein Mann, war das auch.

Iris P. (44): »Es war ein ewiges Fragezeichen über der ganzen Geschichte.«

Frau P. kommt 1950 in einer Kleinstadt zur Welt. Ihre Mutter leidet laut Diagnose des Arztes unter einer »Manisch-depressiven Erkrankung«, unternimmt mehrere Selbstmordversuche und findet so den Tod, als Frau P. 12 Jahre alt ist.

»Desäptronen«

Es hieß, sie hatte irgend etwas mit dem Magen, sie ist operiert worden. Aber sie lag da auf einer Station und war so wie immer. Inzwischen weiß ich, was ich als Achtjährige nicht wußte: Meine Mutter hatte einen Selbstmordversuch unternommen, und der Magen mußte ausgepumpt werden.

Als ich sie im »Sanatorium«, 200 Kilometer von zu Hause entfernt, besuchte, wirkte sie auf mich verändert in dem Sinne, daß sie verlangsamt war in ihrer ganzen Sprechweise und sehr traurig.

Wenn sie mir schrieb, war die Schrift anfangs sehr krakelig, und erst mit der Zeit stabilisierte sich das. Wenn sie dann zu Hause war, war alles so wie immer. Sie war fröhlich, funktionsfähig, so als ob nichts gewesen wäre.

Ich kann mich an eine Begebenheit erinnern: Beim dritten Mal war es wieder so, daß ich aus der Schule kam und sie weg war. Dann habe ich meinen Vater gefragt, ob sie wieder ihre »Desäptronen« hätte. Dann sagte mein Vater, ja, die hat sie wieder. Das hat mich sehr beschäftigt. Daß »Desäptronen« Depressionen waren und was sie vor allem bedeuten, wußte ich nicht – und keiner konnte es mir sagen.

Ein Mantel über der ganzen Familie

Kurze Zeit später starb mein Vater an Nierenversagen. Und von ihrem vierten Aufenthalt im Sanatorium ein dreiviertel Jahr nach dem Tod meines Vaters kehrte meine Mutter nicht wieder zurück. Die Art und Weise, wie ich das erfuhr, war unglücklich: Es passierte zwei Tage vor Weihnachten. Meine Mutter hat uns noch angerufen und hat uns schöne Weihnachten gewünscht, weil sie nicht weg durfte. Ihre Stimme war sehr weinerlich. Ich habe meinen Bruder gefragt – oder er fragte mich, ob mir das auch aufgefallen sei. Da habe ich gesagt, das sei mir auch aufgefallen. Drei Stunden später bekamen wir einen Anruf von einem Verwandten, der sagte, mein Bruder möchte einmal hinkommen. Er ging und kam stundenlang nicht wieder. Irgendwann kam er mit meinem Onkel. Als mein Bruder die Taxe öffnete und unheimlich schrie und weinte, da wußte ich schon alles. Dann kam mein Onkel und sagte, daß unsere Mutter tot sei. Ich habe sofort gesagt: »Das kann nicht sein, wir haben doch noch vor drei Stunden mit ihr telefoniert!« Als ich dann fragte, was passiert sei, da wurde erzählt, sie habe eine Herzoperation nicht überlebt. Ich wußte, daß das nicht stimmte. Ich hatte sie ja noch vor zwei Wochen in der Klinik besucht. Beim Abschied stand sie – sehr blaß – angelehnt an eine Wand, hielt sich mit den Händen an der Wand abgestützt und sagte sehr verzweifelt: »Für mich quält sich jeder Tag zuende.« Dieses Bild hat sich mir unauslöschlich in mein Gedächtnis geprägt. Und als mir dann meine Familie erzählte, man hätte sie am Herzen operiert, war das eine ganz skurrile Situation!

Natürlich habe ich als Kind nicht gesagt: »Das stimmt nicht.« Ich habe das geschluckt. Und so ist eben dieser Mantel über die ganze Familie gelegt worden.

Während der Klinikaufenthalte meiner Mutter hatte ich in unserer Familie viel Rückhalt. Da war mein Vater, mein acht Jahre älterer Bruder und auch die Oma. Wir Geschwister haben allerdings nicht viel darüber gesprochen.

Mein Vater war für mich auch von seiner äußeren Statur groß und stark. Obwohl er streng und autoritär wirkte, verkörperte er für mich Schutz. Er war Schulleiter des Gymnasiums, das auch ich besuchte. Wir standen also als Familie irgendwie im Rampenlicht der Öffentlichkeit dieser Kleinstadt. Und ich hatte das Gefühl, daß da irgend etwas in unserer Familie ist, was nicht erzählt werden soll. Allein diese Worte, die da an der Tür standen: »Nervenheilanstalt«, »Sanatorium« – waren damals mit einem Makel belegt.

Meine Großmutter war in dieser Zeit für mich eine ganz wichtige und barmherzige Person. Daß ihre einzige Tochter so schwer leiden mußte, war für meine Oma, die sehr gläubig war, ein großer Schmerz. Ich habe mitbekommen, wie meine Mutter bei ihr saß und fürchterlich weinte und sagte: »Ich kann nicht mehr.« Das erinnere ich ganz genau. Da habe ich mich so gefürchtet, daß ich mir eine Decke über den Kopf gezogen habe. Ich habe aber nie gefragt, auch meine Großmutter, damals als meine Mutter noch lebte, nie gefragt, was war. Daß meine Mutter sehr traurig ist und nicht mehr kann, paßte in mein Bild, das ich langsam von ihr bekam. Heute denke ich mir, daß sie irgend etwas in sich hatte, worüber sie nicht reden konnte und was sie nicht mehr ausgehalten hat.

Rätsel

Ich hatte eine schöne Kindheit. Wir haben sehr viel gespielt. Es gab bei uns keinen Fernseher. Ich habe auch Erinnerungen, daß sich meine Eltern in den Arm genommen und Zärtlichkeiten ausgetauscht haben, auch vor uns Kindern. Von dem Zeitpunkt an, als meine Mutter zum erstenmal in eine Klinik kam, war die Atmosphäre nie mehr so unbekümmert. Erst viel später, als ich mit meinem ersten Freund darüber sprach, bestand für mich kein Zweifel, daß meine Mutter sich selber umgebracht hat. Dann erst konnte ich meine Oma fragen, warum sie mir nichts gesagt haben. Sie antwortete, daß man mich schonen wollte und warten wollte, bis ich größer wäre. Es sei alles schon schlimm genug gewesen.

Plötzlich erfuhr ich also etwas offiziell – ich war zu dem Zeitpunkt 15 Jahre alt –, was ich drei Jahre lang innerlich schon »gewußt« hatte. Heute als 44 Jahre alte Frau, möchte ich dazu sagen: Der Tatbestand, daß mir gegenüber eine ganz wichtige Sache, der Suizid meiner Mutter, geleugnet bzw. verschwiegen wurde, hat in meinem Leben eine ganz tiefe Verunsicherung bezüglich meiner Wahrnehmung einerseits und der Art von Konfliktbewältigung andererseits ausgelöst.

Spurensuche

Meine Mutter war der Prototyp einer Mutter. Man konnte immer zu ihr kommen. Sie war immer ausgeglichen, und sie war nie hysterisch oder schlecht gelaunt. Die spätere Diagnose ist für mich ein Rätsel. Ich bin inzwischen überzeugt, daß meine Mutter Schwierigkeiten mit den Wechseljahren hatte. Aber ich habe sie als geistig völlig normal in Erinnerung. Als emotional völlig intakt, als ganz, als das Gegenteil von labil. Ihre Ausstrahlung war stabil. Aber sie muß natürlich sehr sensibel gewesen sein. Irgend etwas in ihrem Leben muß sie so belastet haben, daß sie keinen Ausweg gesehen hat. Sie hatte ja keine finanziellen Probleme. Es muß etwas gegeben haben in ihrem Leben, womit sie nicht fertig geworden ist.

Ich bin auf Spurensuche gegangen und war in dem Sanatorium meiner Mutter, als ich 37 Jahre als war. Ich habe mir aus der Akte vorlesen lassen. Der Arzt sagte, sie habe kurz vor ihrem Tod geäußert, daß sie vor ihren Kindern nicht mehr bestehen kann. Dieses Gefühl, immer wieder mit dem Leben nicht fertigzuwerden, das könne sie nicht mehr aushalten. Das ist natürlich nur eine halbe Erklärung. Womit ist sie nicht fertig geworden? Das ist ungeklärt.

Die ganze Familie meines Vaters ist so weit gegangen, daß meine Mutter geisteskrank gewesen ist. Ich habe für mich festgestellt, daß es Gründe gegeben haben muß in der Familie, meine Mutter abzulehnen. Ich glaube, daß die Familie meines Vaters große Angst hatte vor solchen Zuständen, vor dem Weinen meiner Mutter, und versuchte, das nicht an sich herankommen zu lassen. Meine Mutter hat den Ersten Weltkrieg als Kleinkind erlebt. Meinen Vater lernte sie mitten im deutschen Faschismus kennen. Ich kann mir zum Beispiel vorstellen, daß das, was alle Leute mitgekriegt haben – Menschen verschwinden und kommen nicht wieder, all die Ängste von Bekannten und Freunden –, daß das auch eine Rolle gespielt haben kann. Daß diese Zeit, die ja mit Krieg und Holocaust endete, vielleicht etwas gewesen ist, was meine Mutter nicht verkraftet hat.

Meine Mutter ist von ihrer psychischen Struktur her ein sehr sensibler Mensch gewesen, der sehr viel nachgedacht hat, der leidensfähig war, auch mit anderen. Vielleicht konnte sie bestimmte Dinge aus der Jugend nicht verarbeiten, die sich dann verselbständigt haben und zu Depressionen führten. In den fünfziger Jahren war das Verhaltensmuster, sich zurückzuziehen, statt Konflikte anzugehen, sehr verbreitet.

Ich habe meine Mutter sehr geliebt und habe sie nachher wahnsinnig vermißt. In einer späteren eigenen tiefen Krise habe ich sozusagen als erwachsener Mensch das erste Mal richtig begriffen, was da eigentlich alles weg war, unwiederbringlich einfach weg. In einer Therapie habe ich meine Identifikation mit meiner Mutter noch einmal deutlich gespürt.

Meine Mutter mit ihrer Warmherzigkeit, oft auch Fröhlichkeit, ihrem ausgeglichenen beruhigenden Wesen als Vorbild. Gleichzeitig die Angst, genauso depressiv zu werden. Heute weiß ich, daß ich ein anderer Mensch bin als meine Mutter. Dieser ganze Prozeß hat mein Leben jedoch sehr in Beschlag genommen. Inzwischen kann ich aber mein Leben mit größerer innerer Ruhe annehmen.

Darüber reden

Der Tatbestand, daß man als Kind ein Elternteil hat, bei dem etwas nicht stimmt, wie auch immer, kehrt irgendwann wieder, wenn man erwachsen ist. Jede Tabuisierung kann zu psychischen Störungen und zu Wahrnehmungsstörungen führen. Wenn man nicht spricht, dann bleibt es dem Traum, dem Unterbewußten überlassen, was man damit macht. Also ist Kommunikation unerläßlich. Sie muß vorsichtig sein, sie kann auch nicht alles erklären. Aber es muß darüber gesprochen werden. Daß über die Krankheit, den Selbstmord oder die Störung oder was auch immer nicht gesprochen wurde, war für mich das Schlimmste. Ich habe Schuldgefühle gehabt, aber nicht in dem Sinne, daß ich mich schuldig gefühlt habe, sondern einfach, daß ich sie allein gelassen habe. Ich hätte ihr als Kind überhaupt nicht helfen können. Sie hat mich allein gelassen, sie ist abgehauen. Dabei war sie kein Mensch, der einen im Stich läßt. Daß sie es dennoch getan hat, zeigt mir, wie groß ihre Verzweiflung gewesen sein muß. Es ging wohl nicht anders. Dieses ewige Rätsel, das ist ein Begleiter meines Lebens. Dieser ganze Prozeß hat mich viel Energie gekostet. Aber letztlich hat er zu meiner Selbstfindung beigetragen.

Susanne T. (25):
»Ich war die Person, die ihr am nächsten stand.«

Frau T. ist zwölf Jahre alt, als ihre Mutter zum ersten Mal psychotisch wird. Inzwischen lebt die Mutter seit fünf Jahren mit deutlicher Besserung getrennt von ihrem Vater. Zum Zeitpunkt des Gesprächs ist Frau T. 25 Jahre alt.

Ein partnerschaftliches Verhältnis

Die Psychosen fingen immer mit schlaflosen Nächten und mit Unruhe an. Ich erinnere mich an eine Situation, wo ich im Bett war und es mir schlechtging. Meine Mutter kam und erzählte. Sie entwickelte dann religiöse Phantasien. Das war sehr beklemmend. Wir Kinder haben uns sehr um unsere Mutter bemüht. Ich bin da langsam reingewachsen, habe mich sehr dafür interessiert, was in ihr vorgeht, und habe sie sehr intensiv begleitet. Nach und nach habe ich gelernt, damit umzugehen.

In ihren Psychosen hatte meine Mutter große Angst vor meinem Vater. Der wiederum reagierte mit Verachtung. Meine Mutter war für mich ein sehr warmer Mensch, zu dem ich immer ein gutes Verhältnis hatte. Das Schlimmste in den psychotischen Schüben war für mich festzustellen, daß da ein Mensch, den man kennt und mag, auf einmal ganz anders ist. Die Beziehung zu meiner Mutter war schnell eher partnerschaftlich und gleichberechtigt, nicht so sehr ein Mutter-Tochter-Verhältnis. Das fand ich sehr schön.

Die Sprache ihres Körpers

Die Beziehung zwischen meinen Eltern war schlecht. Meine Mutter wehrte sich gegen den Einfluß meines Vaters, gegen seine Art, sie zu behandeln. Er hat sie isolieren wollen, hat sie sehr gedeckelt. Meine Mutter hat sehr darunter gelitten und mußte erst einmal Rückgrat entwickeln. Genau wie meine Mutter inzwischen sehe auch ich ihre Krankheit als einen sehr wichtigen Prozeß, als Sprache ihres Körpers, als Ausdruck ihrer Seele, sich vielleicht massiver zu wehren, als sie es vorher gemacht hat. Die Psychose hat viel mobilisiert. Wenn es so nicht passiert wäre, wäre vielleicht auch nichts in Bewegung gekommen. Meine Mutter ist mit meinen Fragen immer sehr offen umgegangen. Dies ist mit ein Grund dafür, warum alles für mich im nachhinein relativ wenig mit Angst besetzt ist. Trotz dieser auch schrecklichen Erfahrungen.

Es gab viele Tabus

Damals hatte ich keinen Menschen um mich herum, dem ich mein Herz hätte ausschütten können. Wenn ich meine Familie malen sollte, ich würde sie mit einer Mauer malen. Mein Vater hatte Freundschaften und Bekanntschaften von meiner Mutter oder von uns Kindern immer unterbinden wollen. Es gab viele Tabus. Meine Haupterwartung an die professionelle Seite ist daher auch, daß man, wenn man nicht mehr kann, jemanden zum Sprechen hat. Man braucht Leute, die so etwas kennen und die einen einfach dabei unterstützen.

Mehr Kraft, als man meint

Ich mußte früh sehr viel Verantwortung übernehmen. Das macht sensibel, und es hat mich auch gestärkt. Man hat irgendwie ganz schön viel Kraft in so einer Situation. Mehr, als man meint.

Ingeborg Esterer

Kind oder Klapse?

Protokolle von Gesprächen mit psychoseerfahrenen Eltern

> »Ich bin. Aber ich habe mich nicht. Darum werden wir erst.«
> Ernst Bloch, Tübinger Einleitung in die Philosophie, 1963

Max T. (32): »Als der Arzt sagte, es würden Zwillinge, habe ich Nora getröstet.«

Als ich jünger war, habe ich mich nie mit meiner Vorgeschichte befaßt. Das tat ich erst, nachdem 1981 die erste Psychose kam. Zwei Monate war ich in der Psychiatrie der Universitätsklinik, sechs Monate mußte ich Haldol einnehmen, und dann machte ich eine Gesprächstherapie. Erst dadurch wurde mir bewußt, welche Dinge meine Erkrankung beeinflußt oder ausgelöst haben. Einmal war es die Trennung von meiner ersten Liebe. Ich war ein Spätentwickler und damals schon depressiv, sie das genaue Gegenteil. Als ich dann noch mitbekam, daß sie wechselnde Freunde hatte, rutschte ich in die Drogenszene.

Neben der Einzeltherapie begann ich auch eine Gruppentherapie. Aber da war ich nur zweimal, weil eine Frau zu weinen begann, als sie ihr Ehedrama erzählte und daß sie noch nie einen Orgasmus gehabt hätte. Vermutlich kam diese Geschichte der meinen zu nahe...

Allmählich ging es mir besser. Mein Vater verschaffte mir eine Lehrstelle als Schiffahrtskaufmann. Nach zweieinhalb Jahren schloß ich mit 24 die Lehre erfolgreich ab. Während dieser Zeit hatte ich weder Drogen noch Alkohol konsumiert, aber geriet mitunter doch in eine Art Flash-back, das heißt, ich konnte meine Kollegen plötzlich nicht mehr verstehen.

Ich saß zum Beispiel am Schreibtisch und nahm die Gespräche

zwischen anderen nicht mehr auf. Ich hörte nur die Stimmen, aber nicht, was sie sagten. Ich wußte auch nicht mehr, wo ich war, verließ dann den Raum und kam nach zehn Minuten zurück. Dann lief es wieder. Aber ich fühlte mich etwas benommen, ein bißchen krank, auch wenn mir die Arbeit sonst keine Schwierigkeiten machte.

Trotzdem hörte ich auf mit diesem Beruf. Mir wurde bewußt, ich hatte ihn nur gelernt, um den anderen zu beweisen, daß ich wieder voll da war nach dem Krankenhaus. Ich hatte nämlich seinerzeit all meine Freunde erschreckt: einmal durch meinen Anblick – aufgedunsen von Medikamenten – und zum anderen durch wirre Reden und Sachen, an die ich mich nicht mehr erinnern kann.

Ich verkaufte meine Aktien, die ich mit 18 von meinem Urgroßvater geerbt hatte. Ich lebte allein in einer Zwei-Zimmer-Wohnung, zog mich total zurück. 1986 fing ich mit weichen Drogen an – Haschisch – und Alkohol. Ich trieb mich in Diskotheken rum und Bars. Gelegentlich ging ich zur Uni, um Bekannte zu treffen und zu sehen, wie sie ihr Studium machten – Jura, Volkswirtschaft. Ich hatte ja nichts zu tun den ganzen Tag lang. In der Mensa versuchten sie, mich zu ermutigen: »Komm doch einfach mit…«

Das Geld ging allmählich zu Ende. Mit dem letzten kaufte ich mir Holz und Silber und bastelte Kunstobjekte, die man aufstellen, an die Wände kleben oder an der Decke aufhängen konnte – mehr als 500 Stück in drei Monaten. Leider habe ich nie Fotos davon gemacht. Eins konnte ich für 50 Mark an eine Galerie in Italien verkaufen. Viele verschenkte ich, und mehr als die Hälfte schmiß ich weg. Ich stand unter einer Art Vermüllungszwang. Meine künstlerische Kraft war erloschen. Und ich konnte meine Miete nicht mehr bezahlen. Mein Vater löste die Wohnung auf. Ich mußte oder durfte zurück ins Haus meiner Eltern, vielmehr meiner Mutter, ziehen. Das war 1986. Ich war 26 Jahre alt.

Meine Eltern leben getrennt, seit ich 17 war. Meine drei größeren Geschwister – eine Schwester und zwei Brüder – sind alle verheiratet und haben Kinder. Sie leben in Paris, München und Berlin. Mein Elternhaus war jetzt sehr still – keine Besuche und Feste mehr wie früher. Und immer wieder der Gedanke: Bei den anderen funktioniert alles, bei mir nichts. Meine Mutter versorgte mich zwar, aber ich – ich sinnierte nur vor mich hin. Ich wusch mich kaum, trieb mich rum, verwahrloste…

Als meine Eltern mich dann in die Psychiatrie brachten, leistete ich keinen Widerstand. Erst kam ich auf die offene Station, von wo ich nach vier Tagen verschwand zu einem Freund, der in der Nähe wohnte. Er machte sich große Sorgen um mich, und so ging ich freiwillig zurück und kam auf die geschlossene Station. Nach einem Monat konnten sie mich mit reduzierter Medikation entlassen. Vermutlich machte ich keinen so gestörten Eindruck mehr.

Ich ging zu meiner Mutter zurück und lebte vor mich hin. Aber ihre Überversorgung ging mir zunehmend auf die Nerven. Schließlich hatte ich ja vier Jahre lang einen eigenen Haushalt geführt. Eines Tages – ich stand unter Alkohol – schmiß ich ihr die Bohnen, die sie gerade putzte, um die Ohren, nahm sie beim Schlawittchen, setzte sie vor die Tür und schloß ab. Sie ging zu Verwandten und rief von dort meinen Vater an. Er ist dann gegen Abend gekommen, aber ich habe auch ihn nach heftigen Wortgefechten vor die Türe gesetzt. Peter, unser englischer Untermieter, hielt mich fest, damit ich ihm nicht noch ein blaues Auge schlug. Vater war damals schon siebzig.

An weiteres kann ich mich nicht mehr erinnern. Nur noch, daß ich das Haus besetzt hielt und dann nach zwei oder auch vier Tagen die Polizei mit sechs oder acht Mann anrückte. Mir war klar, daß irgend etwas passieren würde. Darum hatte ich auch meinen besten blauen Anzug angezogen.

Ich bat die Polizisten freundlich rein, bot ihnen zu essen, zu trinken und auch Haschisch an, unterhielt mich etwa zwei Stunden mit ihnen, fand alles komisch. Natürlich merkten sie, daß mit mir was nicht stimmte. Aber sie wußten nicht, was sie tun sollten. Meine Mutter kam dann noch. Ich sagte: Das ist unsere Köchin. Schließlich riefen sie den sozialpsychiatrischen Notdienst an. Ich ging freiwillig mit. Sie brachten mich nicht in die Uni-Klinik, sondern in die Psychiatrie eines anderen Krankenhauses. Dort bekam ich eine strenge Dosis Haldol verpaßt, um ruhiggestellt zu werden.

Nach einer Woche besuchte mich ein Anwalt. Ich hätte wieder raus gekonnt. Aber ich beschloß, freiwillig dort zu bleiben – zehn Monate lang: Ich hatte nach sechs Monaten einen Antrag auf Rehabilitation gestellt und wartete vier Monate auf einen Platz. Ich kam dann ins Rehabilitations-Zentrum, einer Wohngemeinschaft von Betroffenen, und blieb sechs Monate dort – ohne Medikamente. Anschließend zog ich zu einem Freund, den ich im Krankenhaus kennengelernt hatte, und ich kümmerte mich um einen Job als Schiffsmakler übers Arbeitsamt. Ich schrieb an drei Firmen Bewerbungen. Eine hat mich genommen – erst für einen Monat als Praktikant, dann aber rückwirkend als kaufmännischen Angestellten. Das war 1990 und ich 29 Jahre alt.

Zunächst arbeitete ich von neun bis 17 Uhr. Aber dann reduzierte sich das Personal. Neue wurden nicht eingestellt, was bedeutete: Ich machte einen Zwölf-Stunden-Job und das bei relativ schlechter Bezahlung. Eines Tages ging ich zu meinem Psychiater und ließ mich krank schreiben.

Das alte Karussell drehte sich wieder: ein bißchen Alkohol, ein bißchen Haschisch, umherirren, keine Perspektive, keine Hoffnung. Dann erinnerte ich mich an einen Therapeuten im GPZE (Gemeinde-Psychiatrisches Zentrum, Eimsbüttel), ging zu ihm und stellte einen Antrag auf einen Platz in einer Wohngemeinschaft. Schon fünf Tage später war einer frei.

Sechs Monate bin ich dort geblieben. Während dieser Zeit fand ein großer Umbruch in mir statt: Ich hörte auf, mich an Freunden und Bekannten zu messen. Ich kündigte Freundschaften auf, weil ich mir bewußt wurde, ihnen immer nur hinterhergelaufen zu sein. Ich befaßte mich mit dem Begriff Krankheitseinsicht und wie weit es mit mir damit wäre. Ich beschloß, mich nur noch mit Leuten abzugeben, die ich im psychiatrischen Umfeld kennengelernt hatte. Ich wollte sie, aber auch mich besser begreifen lernen. Im Wohnheim lernte ich auch meine Freundin kennen. Nora und ich – wir waren uns gleich sympathisch. Aber noch wichtiger war, daß wir uns gegenseitig an den Haaren aus der Suppe ziehen konnten.

Ich hatte wieder etwas Geld zur Verfügung – aus der Vorerbschaft und aus einem Darlehenvertrag die Zinsen. Außerdem kriegte ich Krankengeld. Durch einen Freund bekam ich im Mai '92 eine Ein-Zimmer-Wohnung. Nora blieb noch im GPZE, war aber die meiste Zeit bei mir – an Wochenenden und auch in den Nächten. Nach fünf Monaten zog sie ganz zu mir. Wir blieben in der Psycho-Szene drin, hatten Freunde aus dem GPZE oder Ehemalige aus der Psychiatrie. In diesem Umfeld fühlten wir uns sicher.

Dann wurde Nora schwanger. Das war geplant. Noch mehr als ich wollte sie ein Kind. Als der Arzt dann feststellte, daß es Zwillinge würden, war sie betroffen. Ich habe sie getröstet und beruhigt.

Meine Mutter bot uns an, daß wir bei ihr wohnen könnten, bis wir eine Sozialwohnung gefunden hätten. Im März zogen wir dann zu ihr, im April wurden die Kinder geboren, im August konnten wir eine Sozialwohnung beziehen: 64 Quadratmeter, drei Zimmer, Küche und Bad. Aus finanziellen Gründen haben wir nicht geheiratet.

Nora ist heute 38, ich 32 Jahre alt. Die Kinder sind gesund. Sie wurden einen Monat zu früh geboren, mußten aber noch nicht mal in den Brutkasten. Die Geburt war allerdings schwierig: Kaiserschnitt, Wasser in der Lunge – Nora wäre fast gestorben.

Nach einer ganz schönen, ja glücklichen Zeit der Schwangerschaft wurde es mit uns plötzlich wieder schwierig. Wir hatten uns in der Krankheit kennengelernt und kamen nun in dem normalen Leben einer Familie oder auch Mann-Frau-Beziehung in eine Phase der Entfremdung. Persönlichkeitsstrukturen, die durch die Krankheit bzw. durch die Medikamente zugeschüttet waren, brachen wieder auf. Hin und wieder sprechen wir über Trennung. Aber die Kinder lassen uns aneinander festhalten.

Für mich ist das Liebesleben praktisch zum Stillstand gekommen. Auch fordert mich die Verantwortung für die Familie. Es belastet mich, daß meine Kinder von Sozialhilfe leben und meine Freundin auch. Ich habe mich deshalb selbständig gemacht. Ich bin Lagerverwalter und liefere Lebensmittel aus. Ich habe einen Hauptkunden und einen Gelegenheitskunden, möchte den Kundenstamm aber weiter ausbauen.

In eineinhalb Jahren, wenn das Erziehungsgeld ausläuft, hoffe ich, noch ein weiteres Projekt zu verwirklichen mit Schwerpunkt Umweltschutz – also zum Beispiel für den ökologischen Hausbau ebenso Produkte wie Immobilien zu vermitteln. Ich möchte auch meine musischen und künstlerischen Fähigkeiten wieder nutzen: Geige spielen, Schmuck anfertigen...

Aber da ich in unserem Gespräch zwei »Rollen« vertrete – Betroffener und Angehöriger –, möchte ich noch ein paar Worte zu meinen Gedanken über Nora sagen.

Als sie davon sprach, daß sie ein Kind wollte, war ich sofort einverstanden – allerdings auch, weil ich wußte, daß die Kinder zumindest finanziell durch Sozialhilfe abgesichert wären, wenn wir nicht heiraten würden. Andernfalls nämlich wären mein Einkommen und mein Vermögen, über das ich erst in zehn Jahren verfügen kann, voll angerechnet worden. Auch hätte ich wohl eine feste Anstellung suchen müssen, was ich jedoch nicht wollte – aus Angst vor Streß.

Für mich war es so: Ich nahm an, daß ich mit einem Kind wüßte, wofür ich arbeiten würde. Es gäbe meinem Leben Sinn, der mir bis dahin nicht aufgegangen war. Das Risiko einer erneuten Erkrankung bei Nora oder bei mir nahm ich in Kauf, weil ich zuversichtlich war, daß die Geburt eines Kindes meiner Stabilität zugute käme. Und Nora brauchte es zum einen als Anerkennung und zum anderen als letzte Chance, mit 37 noch ein Kind zu bekommen.

Während der Schwangerschaft war ich innerlich sehr aufgeregt. Ich fing schon an, ein starkes Verantwortungsgefühl zu entwickeln: Ich wollte die Geschicke meiner Familie lenken, was ich als positive Veränderung und Erfüllung neuer Illusionen empfand.

Andererseits mußte ich mich auch mit der mentalen Veränderung Noras auseinandersetzen: kein Sex ab dem dritten Monat, und seit der Geburt haben wir erst nach sechs Monaten wieder miteinander geschlafen. Da ich zehn Jahre keine feste Freundschaft mehr hatte, war das schwierig für mich.

Überhaupt ist heute vieles schwieriger zwischen uns geworden, genauso wie das »Neue« abenteuerlich und aufregend ist und die Kinder süß, hilfreich und anstrengend sind. Eben echtes Leben…

Elke R. (47): »Mein Mann stellte mich vor die Wahl: Kind oder Klapsmühle.«

Ich habe 1967 mit zwanzig geheiratet. Dafür brauchte ich noch die Unterschrift meiner Mutter. Mein Mann war drei Jahre älter als ich. Er arbeitete als selbständiger Taucher, also unter Wasser im Hafen. Er mußte Schiffsschrauben klarieren, Seile aus Heckschrauben heraustüteln, Löcher im Schiffsboden suchen oder Steine entfernen, die die Einfahrt ins Hafentor behindern konnten.

Es war keine Liebes-, eher eine Vernunftehe. Er war – vom Verstand her – ein Mann, den man halt heiraten konnte: Er rauchte und trank nicht, er spielte Schach und Skat, er reparierte mein Auto, er hatte einen interessanten Beruf, und er konnte gut erzählen. Sexuell war er der erste Mann für mich.

1972 kam unser erstes Kind, eine Tochter, 1974 das zweite, ein Sohn. Ich hatte nach den Geburten zehn Pfund Gewicht verloren. Und ich war ständig heiser, was ich heute als Sprachlosigkeit gegenüber meiner damaligen Lebenssituation interpretiere.

1980 kam ich zum ersten Mal in die Psychiatrie. Die Diagnose lautete: schizo-affektive Psychose. Aber das wußte ich damals nicht. Ich glaubte, ich hätte einen Nervenzusammenbruch, den ich als Hilferuf an meinen Mann interpretierte. Ich sehnte mich nach mehr Liebe, Achtung, Aufmerksamkeit, denn ich hatte das Gefühl, nie wichtig zu sein, nur funktionieren zu müssen. Alle meine Wünsche an ihn wies er zurück.

Die gleichen Kämpfe – nur im Kleinformat – hatte ich mit meinem Sohn und große Erziehungsschwierigkeiten. Auch wenn ich ihn zum Beispiel dreimal bat, sein Ränzel aufzuheben, geschah nichts. Natürlich wurde ich dann laut, weil mir einfach die Nerven durchgingen. Manchmal habe ich ihn auch geschlagen. Die Tochter war pflegeleichter, sie funktionierte auf Anbrüllen. Meine Kinder gehen mir auf die Nerven - das sagte ich oft zu Freunden.

Ich hatte in dieser Zeit des Zusammenbruchs zwölf verschiedene Träume, die sich immer wiederholten, wie zum Beispiel Atomalarm, Familiensuche, ein Kind stirbt... Mein Sohn ist 1993 tatsächlich gestorben. Er ist auf seinem Motorrad gegen einen ausscherenden Trecker gefahren, wobei der Tank explodierte...

Drei Wochen war ich 1980 im Krankenhaus. Dann wurden die Medikamente abgesetzt, und ich kam für dreieinhalb Wochen ins Müttergenesungsheim.

Da ich davon ausging, daß mein Zusammenbruch etwas mit meiner Lebenssituation zu tun hatte, mußte ich versuchen, diese zu ändern. Ich mußte mich emanzipieren. Also ging ich in die Politik zu den Grünen und kam als einzige Frau in den Gemeinderat. Abends besuchte ich die Realschule, um einen Abschluß zu bekommen. Natürlich ging das alles zu Lasten des Haushalts. Aber ich hielt dieses Spiel bis 1983 durch. Dann kam die zweite Psychose. Sie war nicht so stark wie die erste, aber ich mußte auch ins Krankenhaus. Dort lernte ich den Mann meines Lebens kennen. Er war auch Patient...

Mein schlechtes Gewissen trieb mich, und ich beichtete diese Geschichte meinem Mann. Der sperrte sofort unser gemeinsames Konto. Die Kinder sollten entscheiden, bei wem sie leben wollten.

Die elfjährige Tochter blieb bei mir, der neunjährige Sohn ging zum Vater.

Mein Mann hatte übrigens schon 1983 seinen Taucher-Beruf aufgegeben und ein Wasserkraftwerk – 150 Kilometer von unserem Zuhause entfernt – gepachtet. Dort lebte er auch. Wir führten also eine Wochenend-Ehe – und nun legte er sich eine Freundin zu. Er kam wohl über meinen Seitensprung nicht hinweg, auch wenn er den Kindern versprochen hatte, daß wir zusammenbleiben würden. Ich durfte meinen Mann überhaupt nicht mehr besuchen. Auch jeden Kompromiß wie zum Beispiel am Wochenende ihm die Kinder abzunehmen, lehnte er ab…

Ich griff den schäbigsten unserer Koffer, packte meine Klamotten rein und ja – wo soll ein Mensch in Not wohl hingehen? Er geht zu seiner Mutter. Das tat auch ich. Übrigens – es ist dasselbe Mietshaus, in dem ich heute eine eigene Wohnung habe. Ich machte die Abendschule nicht mehr zu Ende. Es hatte mir noch ein halbes Jahr gefehlt.

Mein Sohn zog zu mir. Meine Tochter weigerte sich, mich auch nur zu sehen. Ich litt gewaltig unter dieser Trennung und kam mit der dritten Psychose wieder in die Psychiatrie. Das war Weihnachten 1983.

Mein Sohn ging in den Weihnachtsferien zu seinem Vater. Dann kam er wieder. Oma versorgte ihn. Und beide besuchten mich im Krankenhaus.

Die Erziehung des Enkels – er war jetzt neun – wuchs meiner Mutter über den Kopf. So wollte er zum Beispiel nicht essen. Und als Oma sich anschickte, ihn zu füttern, rutschte der Teller versehentlich neben seinem Auge aus. Die Folge war eine Platzwunde, die im Kinderkrankenhaus genäht werden mußte.

Ich ließ mich wegen dieses Unfalls aus dem Krankenhaus entlassen. Meine Mutter hatte ja aufgepaßt, daß sie mich dort nicht so mit Medikamenten vollpumpten. Trotzdem – es ging mir schlecht. Ich konnte weder leben noch sterben. Ich beantragte eine Mutter-und-Kind-Kur, die auch genehmigt wurde. Mein Sohn bekam dafür frei. Sein Lehrer wußte, daß es mir nicht gut ging.

Nach vier Wochen kamen wir zurück – ich mit starken Depressionen und Selbstmord-Gedanken. Ich wollte wieder in die Psychiatrie. Mein Mann stellte mich vor die Wahl: Kind oder Klapsmühle. Ich entschied mich fürs Krankenhaus. Er nahm den Sohn, meldete ihn von der Schule ab und ging mit ihm in die Kleinstadt zurück, wo er lebte und arbeitete.

Meine Tochter hat mich dann noch einmal besucht, mein Sohn noch einige Male. Und dann blieben auch seine Besuche aus.

Um meinen Kindern in Erinnerung zu bleiben, schrieb ich ihnen viel – Postkarten, manchmal auch Briefe. Und wenn ich es gar nicht mehr aushielt, rief ich sie an. Danach mußte ich eine Tavor nehmen, weil es immer mehrerer Anläufe oder Versuche bedurfte, um Sohn, Tochter oder auch Ex-Mann an die Leitung zu kriegen – entsetzlich… fürchterlich…

1987 durfte ich beide Kinder im Bahnhofsrestaurant treffen – für eine Stunde. Dieses Spielchen hatte sich mein Mann ausgedacht im Hinblick auf den laufenden Unterhaltsprozeß: Er wollte nachweisen, daß ich reisefähig und darum auch arbeitsfähig sei. Der ärztliche Gutachter hat allerdings gegen ihn und für mich entschieden. Zum ersten Mal hat mein Mann mir nicht seinen Willen aufzwingen können.

Dies war auch das letzte Mal, daß ich meinen Sohn lebend gesehen habe. Die letzten Worte, die ich von ihm gehört habe – das war Weihnachten 1992. Ich hatte ihn in seiner – mittlerweile eigenen – Wohnung angerufen. Er war noch in der Ausbildung zum Industrie-Mechaniker. Und er war schwer zuckerkrank. Ich wollte ihn fragen, was er macht und wie es ihm geht. Er aber sagte nur einen Satz: »Erst muß ich wissen, wie der Unterhaltsprozeß ausgegangen ist« und legte den Hörer auf. Das war ein halbes Jahr vor seinem Tod.

Meine Tochter hat sich einmal mit meiner Mutter und meiner Schwester getroffen. Sie hat auch mal eine Karte an meinen Vater geschrieben und sich sein ihr zugedachtes Sparbuch abgeholt. Aber wo sie wohnt – also ihre Adresse –, hat sie weder mir noch meiner Familie mitgeteilt. Auch ihr Vater hat das nicht getan. Ich vermute, vielmehr ich weiß, daß sie sich vor mir schützen will. Vor Jahren – so erinnere ich mich – haben wir, mein Mann und die Kinder, einen Ausflug gemacht. Und da habe ich gesagt, daß ich die Familie am liebsten gegen den Baum fahren würde. Diese Geschichte nahm der Vater später zum Anlaß, unserem Sohn zu verbieten, zu mir und meiner Mutter ins Auto zu steigen, wenn ich ihn besuchte.

Heute kann ich von Glück sagen, daß ich diese absolute Trennung von den Kindern erfahren habe. So hat mich der Tod meines Sohnes nicht näher berührt. Er war für mich ohnehin schon ein Fremder.

Mein größter Wunsch wäre, daß meine Tochter – sie ist jetzt 22 – irgendwann den Kontakt mit mir aufnimmt und wir uns austauschen könnten. Auch ihre Großmutter würde sich riesig darüber freuen. Meine Mutter ist jetzt 78 Jahre und hofft, daß sie dies noch erleben wird.

Mir bringt das Leben heute Spaß. Ich bin froh, daß alles so gekommen ist. Ich kann die Vergangenheit voll annehmen. Ich arbeite – schon im vierten Jahr – als Teilzeit-Schreibkraft. Und ich bin auch in meiner Freizeit aktiv: Frauengruppen, Theater, Kino. Seit kurzem bin ich sogar Kleingarten-Besitzerin. Eine Mindestdosis an Medikamenten nehme ich noch. 1986 – nach der Kündigung meines Arbeitsplatzes – war ich das letzte Mal im Krankenhaus.

Katharina Sch. (32): »Keiner konnte mir sagen, wie hoch das Risiko der Vererbung ist.«

Ich wurde als Älteste von drei Geschwistern geboren. Meine Eltern waren erst 18 und 19 Jahre alt. Mein Vater ist Analphabet. Diese Schwäche versuchte er schon damals durch Autorität auszugleichen. Meine Mutter war die Leidtragende. Sie hatte nie eine richtige Freundin und fraß allen Kummer in sich hinein.

Da meine Eltern beide arbeiten mußten, lastete auf mir schon früh eine große Verantwortung gegenüber meinen Geschwistern. Auch gefiel mir nicht, wie mein Vater meine Mutter behandelte, und so bildete ich mit ihr eine Front gegen ihn.

Als ich etwa zwölf Jahre alt war, begann mein Vater zu trinken. Das war schlimm – vor allem für meine Mutter und für mich. Ich hatte mir immer einen Vater gewünscht, der mir in schulischen Fragen helfen und auch sonst meinen Wissensdurst stillen konnte. Er spürte meine Ablehnung, und das traf ihn sehr. Ich war immer eine gute Schülerin, dadurch möbelte er sein geringes Selbstwertgefühl wieder auf.

Meine ersten Stimmungsschwankungen begannen, als ich etwa 15 Jahre alt war. Häufig überfiel mich eine Traurigkeit, für die ich keinen Grund wußte. Ich weinte heimlich, aber ich mochte niemandem davon erzählen.

Nach Abschluß der Realschule begann ich in einem großen Unternehmen eine kaufmännische Ausbildung. Schon bald hatte ich das Gefühl, die Anforderungen würden mir über den Kopf wachsen: Ich hatte wenig Selbstvertrauen und wenig Mut. Ich zog mich in mich selbst zurück, wodurch der Druck nur noch größer und ich immer unsicherer wurde. Ich fühlte mich erbärmlich – wie ein kleines Rädchen in einem großen Getriebe, das immer weiter und weiter lief. Ich konnte nicht mehr abschalten, nachts nicht mehr schlafen. Tausend Bilder liefen mir durch den Kopf, Schubladen sprangen auf: Mein Gehirn schien auf Dauerbetrieb eingestellt zu sein...

Meine Mutter bemerkte, wie sehr ich mich verändert hatte, und suchte mit mir einen Nervenarzt auf. Der Arzt verordnete mir eine Menge Psychopharmaka, die ich jedoch nicht einnahm, weil ich Medikamenten gegenüber sehr kritisch war. So dauerte es eine ganze Weile, bis ich mich wieder besser fühlte.

Mit 18 lernte ich in meinem Sportverein einen elf Jahre älteren Mann kennen, in den ich mich verliebte. Er studierte für's höhere Lehramt und erschien mir wie ein Fels in der Brandung: jemand, bei dem ich mich geborgen fühlte, der alle meine Fragen beantworten konnte, mit dem ich reden mochte. Meine Eltern – nur acht Jahre älter als mein Freund – waren sehr gegen diese Verbindung. Aber ich ließ mich nicht beirren, ich folgte meinem Herzen...

Nach Abschluß meiner Kaufmannsgehilfen-Prüfung beschloß ich, nachträglich mein Abitur zu machen, um anschließend zu studieren. Für meine Eltern brach eine Welt zusammen. Sie konnten einfach nicht verstehen, daß ich dafür einen festen Arbeitsplatz aufgeben wollte. Und auch finanziell bedeutete es: Ich würde ihnen noch etwas länger zur Last fallen. Aber ich setzte mich durch.

Ab August 1981 ging ich auf das Wirtschaftsgymnasium – eine Tagesschule. Hin und wieder hatte ich Depressionen, die ich aber vor den Mitschülern verbergen konnte. Ich fühlte mich immer etwas unglücklich und nie so richtig unbeschwert. Dennoch – das Abitur zu bestehen war mein größtes Ziel. Ich wollte es mir und der Welt beweisen, daß ich es schaffen würde. Ich stellte riesige Erwartungen an mich und machte mir dadurch ungeahnte Probleme.

Das Vorabitur lief ohne große Komplikationen. Doch je näher die

Zeit des Abiturs rückte, desto schlechter ging es mir. Wieder begannen die Schlafstörungen, Magenschmerzen, Depressionen. Ich fühlte mich überfordert und ausgelaugt… Mittlerweile war ich zu meinem Freund gezogen, und wir beschlossen gemeinsam, den Neurologen aufzusuchen, bei dem ich schon einmal mit meiner Mutter gewesen war. Er verordnete mir einen »Stimmungsaufheller«, der mich aus der Depression in eine starke manische Phase versetzte. Von einer manisch-depressiven Erkrankung wußten wir damals noch nichts.

Unter den denkbar unglücklichsten Umständen bestand ich dann doch noch mein Abitur. Nach der manischen Phase hatte ich einen depressiven Abklang, der etwa vier Monate anhielt. Mein Freund überzeugte mich, unter diesen Umständen kein Studium anzufangen. Ich fühlte mich nutzlos und unfähig, und ich schämte mich sehr. Auch hatte ich durch die Medikamente sehr zugenommen, was mein bereits angeknacktes Selbstwertgefühl nur noch mehr zerstörte.

Nach langen inneren Kämpfen rief ich in meiner Lehrfirma an und fragte nach einem temporären Job. Schon am nächsten Tag konnte ich dort anfangen. Aber – es war ein Spießrutenlaufen, die alten Kollegen wiederzutreffen. Und was sollte ich ihnen sagen, wie es mir geht? Ich wußte ja selbst nicht, was mit mir los war. Vergiß es, denk nicht darüber nach, riet ich mir selber zu, und so ganz allmählich gewöhnte ich mich an den Arbeitsablauf und ein Leben ohne Notendruck…

Im Frühjahr des folgenden Jahres war eine feste Stelle ausgeschrieben, auf die ich mich bewarb. Genau zu dieser Zeit kriselte es schwer bei meinen Eltern, meine Mutter flüchtete in ein Frauenhaus. Wieder lag eine große Last auf mir: Was sollte mit meinen Geschwistern werden? Wie sollte es mit meinen Eltern weitergehen? Ohne es so recht zu registrieren, geriet ich in die nächste manische Phase. Darum lief auch das Bewerbungsgespräch in der kaufmännischen Abteilung so gut: Ich war unglaublich redegewandt, wirkte sehr überzeugend und bekam die Stelle.

Wegen der Psychose mußte ich jedoch in ärztliche Behandlung. Eine Kollegin empfahl meinem Freund und mir den Neurologen, der mich auch heute noch behandelt. Von ihm erfuhren wir zum ersten Mal, daß ich an einer manisch-depressiven Krankheit litt. Ich begann mit der Lithium-Therapie. Zu Beginn bekam ich noch neuroleptische Depotspritzen mit Langzeitwirkung. Ich nahm gewaltig zu – etwa zehn Kilo, worunter ich erheblich litt.

Die Anforderungen am neuen Arbeitsplatz waren hoch: Ich mußte handfeste Entscheidungen treffen, hatte es tagtäglich mit einem schwierigen Klientel – Mietern – zu tun und mußte mich auf meinem Platz behaupten. Das war nicht so einfach, weil ich mich durch die Depotspritzen wie hinter Milchglas fühlte. Doch mit Beharrlichkeit und Fleiß überstand ich die Probezeit. Die Depotspritzen waren jetzt nicht mehr nötig, und dadurch verschwand auch die Bewegungsbeeinträchtigung als Folge der Neuroleptika, nicht aber die Pfunde, die ich dadurch angesetzt hatte.

Also wollte ich jetzt – mein oberstes Ziel – das alte Gewicht wieder erlangen. Keine Diät-Methode ließ ich aus. Aber alles, alles half nichts, und viele Tränen flossen, bis mein Freund mir klar machte: »Du mußt dich so annehmen, wie du bist. Das ist die einzige Möglichkeit!« Es hat sehr lange gedauert, bis ich mich mit meinen Pfunden akzeptieren konnte. Aber dann lebte ich viel besser, glücklicher und zufriedener.

In den folgenden zwei Jahren traten keine manischen Phasen auf. Erst im Anschluß an unsere Hochzeit im Januar 1991 – nach zehn Jahren Freundschaft – kündigten sich während der Flitterwochen im Ski-Urlaub erste Vorboten einer manischen Phase an.

Es begann wieder mit Magenkribbeln, innerer Unruhe, unendlich vielen Ideen, die mir im Kopf herumspukten. Ich war leicht reizbar und sagte mitunter verletzende Dinge im Freundes- und Kollegenkreis, die ich sonst nie über die Lippen gebracht hätte. Auch hatte ich wieder das Bedürfnis, sehr viel und sehr laute Musik zu hören. Und mein Kaufrausch erfaßte mich wie gehabt: Innerhalb von wenigen Wochen hatte ich mein gesamtes Einkommen für Kleidung und Hausrat – Geschirr, Besteck, Wäsche – verjubelt. Mittels Medikamenten konnte ich jedoch nach vier Wochen meine Arbeit wieder aufnehmen. Rückblickend erkannten mein Mann und ich, daß diese manischen Phasen stets im Frühjahr auftraten.

Im Sommer begann ich – auf vier Seminare verteilt – meine Fachausbildung bei der Industrie- und Handelskammer. Die Prüfung stand im Sommer 1992 an. Und schon im Februar '92 packte mich die Angst, die Prüfung nicht bewältigen zu können. Ich geriet wieder in eine manische Phase, schaffte es jedoch mit großem Ehrgeiz und Disziplin, die Prüfung zu bestehen. Für mich stand aber schon zu diesem Zeitpunkt fest, daß ich mich nie wieder freiwillig einem Examen unterziehen würde: Ich erkannte, daß diese Art von Druck, den ich mir selber auferlegte, absolut schädlich war.

Ich wollte lieber versuchen, in mich hineinzuhören und herauszufinden, was mir gut tat und was eher schädlich für mich war. Ich lernte im Lauf der Zeit, daß ich nicht für alles verantwortlich war, was meine Eltern und Geschwister nicht geregelt bekamen. Ich steckte mir einen Zaun ab um meine Seele. Bis zu diesem Zaun wollte ich Probleme an mich heranlassen, aber nicht weiter! Auch 1993 im Frühjahr bekam ich wieder eine manische Phase. Aber dadurch, daß ich mich sehr genau kontrollierte, kriegte ich den Schub mit Hilfe von Medikamenten gut in den Griff. Durch das große Verständnis und Vertrauen, das mir mein Mann in all meinen schwierigen Phasen entgegengebracht hat, bin ich nie in der Psychiatrie gelandet.

Jetzt erwartet uns ein neuer Lebensabschnitt: Ich bekomme ein Baby. Auch mein Mann hat sich sehr ein Kind gewünscht. Aber der Erfüllung dieses Wunsches sind viele Fragen und Ängste vorangegangen. Was, wenn die Krankheit während der Schwangerschaft ausbrechen würde? Kann das Ungeborene Schaden nehmen, wenn ich dann Medikamente schlucken muß? Könnte ich mein Baby stillen oder würde ich Mittel benötigen, um einer möglichen Wochenbett-Depression vorzubeugen? Und wie sollte ich ein Baby oder Kleinkind versorgen, wenn ich in eine depressive Phase käme? In der Literatur fand ich nur den Hinweis, daß ich mit Lithium – also meinem Medikament – nicht schwanger werden dürfte: Es könnte dadurch zu Herzfehlern beim Ungeborenen kommen.

Auch mein Neurologe wußte auf all diese Fragen keine Antwort und empfahl mir eine humangenetische Beratungsstelle. Der dortige Arzt konnte meinem Mann und mir allerdings auch nur vage Auskünfte darüber geben, wie hoch das Risiko einer Vererbung ist. Im Laufe des Gesprächs erfuhren wir, daß er eine manisch-depressive Mutter hatte und selbst ohne Kinder geblieben war. Diese Mitteilung hatte mich also eher mutlos gemacht: Ich beschloß, das Thema Kinderwunsch beiseite zu schieben und mich in den folgenden drei Jahren – wie ich schon erzählt habe – mit meiner Krankheit auseinanderzusetzen und sie anzunehmen.

Mein behandelnder Neurologe – er war mittlerweile viel zuversichtlicher als wir – riet uns nochmals, eine humangenetische Beratungsstelle aufzusuchen, um das mögliche Risiko abzuklären. Nach neuesten wissenschaftlichen Erkenntnissen, hieß es dort, würde für das Ungeborene ein Risiko von 15 bis 20 Prozent bestehen, ebenfalls an einer manisch-depressiven Psychose zu erkranken. Lange Gespräche mit meinem Mann halfen, mir meine Unsicherheit und Unentschlossenheit zu nehmen. Sollten wir die Krankheit weitervererben, dann wären wir die ersten, die ihre Anzeichen bemerken würden. Und wir wären nicht so hilflos und unwissend, mit dieser Krankheit umzugehen, wie es die ersten Jahre bei mir gewesen war.

Gemeinsam mit meinem Neurologen beschlossen wir, das Lithium über einen Zeitraum von vier Monaten langsam abzusetzen. Im Juni war es dann vollständig abgesetzt. Anfang Juli erfolgte zur Sicherheit noch ein Bluttest. Das Resultat: Mein Lithium-Wert war auf den Normalwert gesunken. Und als ich meiner Frauenärztin von unserem Kinderwunsch erzählte, ermunterte sie mich, ihn wahr werden zu lassen. Sie gab allerdings zu bedenken, daß ein erhöhtes Risiko für mich bestünde, eine Wochenbett-Depression zu bekommen. Aber es müßte nicht unbedingt so sein…

Ja – und jetzt erwartet uns wirklich ein neuer Lebensabschnitt: In etwa sechs Wochen werden wir Eltern werden. Ich bin – wahrscheinlich wie jede werdende Mutter – ein bißchen ängstlich und unsicher ob der Verantwortung, die auf mich zukommt. Aber ich bin ja nicht allein. Jan und ich – wir dürfen auf die Hilfe von Familie und von Freunden zählen. Und wie es auch kommen mag – es geht immer irgendwie weiter.

Doppelerfahrungen

»Glaub' es dem, der es selbst erfuhr.«
Vergil, Äneis, XI, 283

Die Referentin Frau B., Fachärztin für Psychiatrie, aus der ehemaligen DDR, berichtet von ihren psychotischen Erfahrungen und deren Auswirkungen auf ihr berufliches Verständnis. Frau B. ist in ihrer beruflichen Entwicklung mehrfach reglementiert worden, einer der Verweise, die sie bekommen hat, war dann Auslöser für die erste Psychose: Nach dem Termin beim Arbeitsgericht konnte sie nicht schlafen, besetzte bestimmte Phänomene mit Bedeutungen und hatte schließlich das Gefühl, von einer Kamera begleitet zu werden. Diese Kamera eines kritischen Filmemachers bedeutete für sie nicht Bedrohung, sondern Schutz. Sie fühlte sich in ihrer kritischen Haltung bestärkt, konnte nun Dinge tun, die sie sich alleine nicht zugetraut hätte.

Frau B. schildert auch Kindheitserlebnisse, die für die Psychose bedeutsam sind bzw. in der Psychose Bedeutung bekamen. Sie schildert ihren therapeutischen Prozeß vor allem anhand von Bildern. Diese Bilder verdeutlichen nicht nur vom Inhalt, sondern auch von der wachsenden gestalterischen Kraft den Prozeß, den Frau B. in der Therapie durchläuft.

Auf die Frage, wie das Erlebte die Einstellung als Ärztin verändert hat, sagt Frau B., sie sei nun bereiter, »hinter die Kulissen zu schauen« und würde mehr über die Lebensgeschichte sprechen. Sie sei stärker mit Patienten identifiziert, würde dies aber nicht als Belastung empfinden, eher als eine Art Solidarisierung, die der therapeutischen Beziehung Rückhalt gibt.

In der Schilderung von Frau B. und auch in der anschließenden Diskussion sind drei Stränge miteinander verbunden: ihre ganz persönliche Biographie und Familiengeschichte, die Auseinandersetzung mit dem DDR-System und die Auseinandersetzung mit der eigenen Berufsrolle. Frau B. schildert den Zusammenhang in etwa so: In mancher Hinsicht habe ihr Elternhaus sie geschwächt bzw. nicht mit ausreichender Stärke ausgestattet, so daß sie in der Auseinandersetzung mit dem System letztlich scheitern mußte. Die Psychiatrie hat diese Kränkungen zum Teil noch verstärkt. Erst in ihrer psychotherapeutischen Auseinandersetzung konnte sie Klarheit über die Zusammenhänge bekommen, aus einer Art Nachentwicklung neue Kraft schöpfen und sich nun politisch wie beruflich erfolgreicher behaupten.

Die folgende allgemeine Diskussion geht um die Frage, ob es

überhaupt sinnvoll ist, sich in seinem Beruf zu seiner Psychose zu bekennen. Viele fühlen sich weiterhin zu angreifbar und zu grenzenlos, um diese Auseinandersetzung auf sich zu nehmen. Andere (alle Männer) sind in dieser Frage offensiver und sehen darin eine Chance für eine langsame Veränderung des gesellschaftlichen Bildes von Psychosen.

Im anschließenden Beitrag beschreibt Frau B. selbst noch einmal eindrücklich ihre Doppelerfahrung in und mit der Psychiatrie.

Annemarie B.

Eingegrenzt, voller Grenzen, grenzenlos…

Psychiaterin mit Psychose-Erfahrung

Der Psychotiker ist ebenso schlimm dran wie das Kind, das einen Konflikt noch nicht lösen kann und das keiner ernst nimmt! Ich hatte doch nicht zufällig vor Ausbruch der Psychose meinen Ausreise-Antrag gestellt. Ich sah wirklich keine Zukunft für mich in diesem Land, für dieses Land. Ich kam zu diesem Schluß nicht aus Spinnerei, sondern weil ich mich dem Leben in diesem Land gestellt hatte und Verantwortung für mich, mein Kind, aber auch für meine Patienten, die geplagte Umwelt, die zerfallende Kultur um mich usw. nicht mehr tragen konnte.

Und dann versuchte mich dieser Chefarzt mitsamt seinen Kollegen auch noch zu trösten: Ich hätte eben eine Hirnstoffwechsel-Entgleisung (so wie andere den Fußpilz oder Diabetes). Ich war eigentlich auf meinen Verstand, d. h. wie ich die Dinge analysierte und wie sie sich auch nach der Wende bestätigten, stolz. Ich schätzte mein Gefühlsleben, wie ich künstlerischen Ausdruck differenziert zu erfassen glaube usw. Und das alles wurde gedankenlos entwertet: Mein Hirnstoffwechsel war nicht stabil, nicht vollwertig! Und das war ein ernst gemeintes therapeutisches Angebot!

Psychiatrie-Profi und Psychose-Erfahrung – es bietet sich da doch an, mit »kompetenter Hand« über »die Psychose« und ihre Begleitumstände zu berichten?

Die Grenzen zwischen Psychiater und Psychotiker waren zwar verschwunden, aber es blieb die Grenze der Subjektivität, die Verallgemeinerungen verbietet.

Mein Psychose-Geschehen wurde von meinem Fachwissen strukturiert, und mein Fachwissen half mir bei der Rückkehr in den Alltag.

Ich lebe und arbeite in der ehemaligen DDR, und so hat meine Arbeit als Psychiater ebenso wie meine Psychose einen DDR-spezifischen Kontext. Meine Einstellung zur DDR und DDR-Psychiatrie trägt meinen subjektiven Stempel. Da das Anliegen dieser Buchreihe das subjektive Zeugnis ist, wage ich den Versuch zu schreiben.

Ich behandle nach meiner Erkrankung jetzt selber wieder Psychose-Kranke. Lese ich die Krankenberichte über meine Patienten, so entsteht in mir fast regelmäßig der Eindruck, meine Kollegen setzen den größten Teil ihrer Kraft dazu ein, die Symptome möglichst exakt zu erfassen und zu katalogisieren. Die Diagnose, die Quintessenz psychiatrischer Denkleistungen zu sein scheint, erleidet im Verlauf mehrerer psychotischer Schübe oft ein wechselvolles Schicksal: Sie schwankt querbeet – von der Depression zur Schizophrenie und wieder zurück.

Auch mir widerfuhr diese fachspezifische Katalogisierung: Ein Psychiater hielt mich für eine Psychopathin, einer begnadigte mich mit einer Neurose, und schließlich wurde ich eine Schizophrene, speziell eine Paranoikerin. Die schwere Depression, die dabei durchbrach, wurde übersehen.

Ein junger Patient, der natürlich nicht weiß, daß ich ebenfalls betroffen bin, äußerte kürzlich: »Es ist beängstigend, wie schnell und sorglos Psychiater die Diagnose Schizophrenie verhängen.« Auf meine Patienten scheint sie in der Regel wie eine Wertminderung zu wirken, und oft besiegelt die Hiobsbotschaft der Berentung »den Fall«. Die Ausstoßung aus einer zielgebenden und existenznährenden Arbeit scheint oft als soziales Aus empfunden zu werden.

Generell wurden die realen Umstände, unter denen ich psychotisch wurde, zur Randerscheinung erklärt, beziehungsweise meiner neurotischen oder psychopathischen Disposition zugeteilt. Ich war also selber schuld...

Gewissermaßen zum Trost und zur Eindämmung meiner verzweifelten Versuche, Klarheit, das heißt Erkenntnisse zu finden, wurde mir konstant versichert, ich würde an einer Hirnstoffwechsel-Störung (leider!) leiden und ich sollte gefälligst alle die reichlich vorhandenen Psychiatrie-Pillen schlucken, die meinen Hirnstoffwechsel wieder entstören würden.

Ich war zu depressiv, mich gegen diese Interpretation meines Zustandes zu wehren – so zog ich mich von meinen Behandlern zurück. Lediglich eine Kollegin, bei der ich menschliche Resonanz verspürte, suchte ich zu Gesprächen auf, sofern sie Zeit hatte. Sie war nicht meine mir zugeteilte Behandlerin.

Allerdings begann ich trotz meines desolaten Zustandes – die Akathisie ließ mich keine Nacht ruhig im Bett liegen trotz Akineton – mit erstaunlicher Zielstrebigkeit nach für mich geeigneten Behandlern Ausschau zu halten. Ich fand eine Therapeutin, die eine Beziehung zwischen meinem Leben, meiner Erlebnisweise und meiner Psychose herzustellen vermochte.

Meine persönliche Erkenntnis ist simpel: Zu jeder Psychose gehört ein einmaliger Mensch mit einem einmaligen Leben. Wenn ich in meiner Psychose glaubte, der Fernseh-Ansager oder die Ansagerin teile mir ganz persönlich etwas sehr Wichtiges – eine persönliche Botschaft – mit, so erschien im Gesicht meines Psychiaters der Ausdruck eines »Aha-Erlebnisses«: Er hatte mich der Beziehungs- und Bedeutungs-Ideen überführt! Ob diese Erkenntnis ihn irgendwie erleuchtete, um mir zu helfen, bezweifle ich entschieden.

Die Frage ist doch: Warum mache ich einen völlig Fremden auf einer Mattscheibe zu einem quasi Intim-Vertrauten? Die Antwort: aus Einsamkeit (!) scheint mir ähnlich umfassend wie die Feststellung, mein Hirnstoffwechsel sei gestört.

Die Kamera, die auf mich gerichtet war, fühlte ich körperlich. Ich konnte meinen Psychiater mit haptischen Halluzinationen zufriedenstellen! Mir nützte sein Friede wenig.

Wahrscheinlich in Kenntnis des Krankenhauses, in dem ich untergebracht war, und diverser anderer Fachkliniken in der ehemaligen DDR bemühe ich mich, meinen Patienten die Einweisung möglichst zu ersparen.

Alle die vielen Tage (und erst die Wochenenden), die keine Zeit kennen und nicht enden, die unzähligen Gänge entlang des Korridors, von einer verschlossenen Tür zur nächsten, die Kacheln des Fußbodens zählend, die unter meinen Schuhen verschwanden und die in ihrer Monotonie ebenso deprimierend waren wie der Fakt der Einweisung...

Ich möchte meinen Patienten ersparen, daß lediglich ihr Bett (im Vierbett-Zimmer) der einzige private Ort wird. Denn der gemeinsame Aufenthaltsraum ist so schrecklich gemütlich mit seinen Sesseln, obligaten Bildern (van Gogh!) und Pflanzen, dem Radio samt Plattenspieler, zu dem der Schlüssel im Schwesternzimmer verwahrt ist.

Soweit ich es vertreten kann, bestelle ich sie möglichst jeden zweiten Tag in die Praxis und baue mit ihnen gemeinsam die medikamentöse Behandlung auf – immer unter Beachtung der Rückmeldung des Patienten hinsichtlich seines Befindens und der Nebenwirkungen. Ich bemühe mich, meinen Patienten ihre »Plus-Symptomatik« annehmbar zu machen – als menschliche Phänomene, als Versuch von Lebens- und Konfliktbewältigung.

Erst jetzt wird mir deutlich, daß es Patienten peinlich ist, über ihre »krankhaften« Phänomene zu sprechen, daß sie sich ihres »unnormalen« Verhaltens schämen oder die Angst vor ihrem psychotischen Geschehen verdrängen.

Während meine psychotischen Schübe als krankhafte Hirnstoffwechsel-Störung eingeordnet wurden, erlebte ich eine tiefe Entfremdung mir selbst gegenüber, eine völlige Verunsicherung gegenüber der Qualität meiner Geistesfähigkeiten und erhebliche Minderung meines Selbstwertgefühls. Meine Wahnvorstellungen, Gedankeneingebungen, Halluzinationen (die enge Beziehung zu illusionären Verkennungen hatten) waren untrennbarer Bestandteil meiner Persönlichkeit und nicht zu bekämpfende krankhafte Phänomene!

Ich habe sie in den Verlauf meines Lebens eingliedern können, ich erlebe sie bei mir wie bei meinen Patienten als alarmierendes Symbol, das verstanden werden will – und da ist Geduld nötig. Ich versuche, den Patienten eine Arbeitsmöglichkeit mit den Erfahrungen über Gemeinsamkeiten und Auseinandersetzungen (und sei es in der geschützten Werkstatt) zu erhalten, um ihnen Chancen zur Reflexion ihrer sozialen Problematik und damit Reifungsmöglichkeiten zu geben. Ich bemühe mich, diese ganzen Fachworte zu vermeiden und die Beschreibung des Patienten in deutsche Worte zu fassen: Eingebung, Erleuchtung, Verkennung...

Oft entnehme ich den Krankengeschichten, daß bei jedem neuen Schub andere Medikamente gegeben werden. Als sei die Psychose wieder aufgetreten, weil man das geeignete Medikament noch nicht gefunden hat. Welche therapeutische Hilflosigkeit! (Ich versuchte, obwohl mich besonders die Depression sehr quälte, weitgehend ohne Medikamente meinen Verstand klar zur Verfügung zu behalten.)

Bei meiner letzten Einweisung erlebte ich die Charakterzüge des Aufnahme-Arztes als arrogant und seine Worte als zynisch. Seine Art, mit mir umzugehen, machte mich infantil und demütigte mich. Ich warf ihm den Nachtisch hinterher – in plötzlich aufflammender Empörung. 24 Stunden wurde ich an Armen und Beinen fixiert. Die Riemen waren so eng geschnallt, daß ich kaum Spielraum hatte. Gleichzeitig bekam ich so viele Medikamente gespritzt, daß ich schon nach kurzer Zeit handlungsunfähig war. Ein warmherzig teilnehmender Mensch bei der Aufnahme, der bereit gewesen wäre, mit mir zu sprechen, mir zuzuhören, hätte mir sehr geholfen und den Aufwand entbehrlich gemacht.

Da ich in der DDR lebte und arbeitete, fehlte mir weitgehend das Wissen anerkannter Kapazitäten, die sich mit dem Phänomen der Psychose befassen. Während die realsozialistische Psychiatrie-Elite an den Universitätskliniken Zugang zu internationalen Fachzeitschriften und Büchern ihrer Intention hatte, war ich, die ich mit der ambulanten Grundversorgung beschäftigt war, darauf angewiesen, meine Verwandten zu bitten, mir anstelle von Jacobs Krönung ein Fachtaschenbuch zu schenken. Dieses mußten sie bis etwa 1983 heimlich und gut versteckt über die Grenze bringen. Noch 1984 wurde der große Montessori-Katalog vom Zoll eingezogen und nicht wieder herausgegeben.

In meiner Stasi-Akte fand ich den Satz: »Die in B. geborene B. (als ich in dem Papier vor mir »die B.« las, stieg in mir Wut und Empörung über diese Form der Kriminalisierung auf) wurde wegen neurotischen Fehlverhaltens (!) stationär behandelt. Sie hat die Tendenz, die Psychiatrie in der DDR herabzuwürdigen. Sie erkennt die Politik der Partei- und Staatsführung im allgemeinen nicht an.« Das entspricht der Realität.

Die Grundlage meines Urteils war die Summe von Fakten aus Berufs- und Privatleben. Wesentliche Bausteine meines fachlichen Urteils trug ich bereits während meiner Facharzt-Ausbildung zusammen. Kollege X., in meinem Studienjahr emsiger Agitator für die Niederschlagung des Prager Frühlings, hatte sich ebenfalls für die Ausbildung als Psychiater/Neurologe entschieden. Er wurde Partei-Sekretär in unserer Einrichtung und wechselte nach dem Kolloquium problemlos in das Ministerium für Gesundheitswesen, in dem er schließlich zum stellvertretenden Minister aufstieg.

Während unserer Ausbildungszeit gewann »die therapeutische Gemeinschaft« im Westen an Popularität. Sie sollte auch in unserem Krankenhaus eingeführt werden. Ob Kollege X. sich freiwillig dazu entschloß oder einen Partei-Auftrag erhielt, ist mir unbekannt. Auf seiner Station lebten alle Patienten, die auf keiner anderen nutzbringende Karriere gemacht hatten. Ich glaube, Kraepelin verwandte den Ausdruck »Anstaltsartefakte«. So böse er klingt, gibt der Begriff doch sehr nüchtern die beschämende Realität der Folgen jahrelanger Hospitalisierung wieder, in der nur Verwahrung herrscht.

Kollege X. teilte seine Patienten also in Gruppen ein – sicher entsprechend dem Grad ihrer »Minussymptomatik« –, und sie wurden im Aufenthaltsraum, der untilgbar nach Exkrementen stank, um den einzig vorhandenen Tisch gesetzt. Daraufhin erfolgte auf realsozialistisch das gemeinsame Gespräch. Da Kollege X. bereits seit langem die realsozialistischen Gewohnheitsworte eintrainiert hatte, entfiel bei ihm eine Sprechhemmung. Die rostigen Worte realsozialistischer Blechsprache fielen über Patienten her, in denen er wahrscheinlich nicht einmal eine Zuhörerschaft hatte.

Seine Pioniertat wurde hoch gelobt und sicher auch prämiert.

Ein weiteres Erlebnis hatte ebenfalls nachhaltigen Einfluß auf meine Urteilsbildung:

Die psychiatrische Oberarztstelle wurde mit einer Kollegin aus der Nervenklinik der Charité besetzt. Sie war Schülerin unseres Psychiatrie-Papstes, Professor LEONHARD, und langjährig geschult im Katalogisieren von Patienten.

Ich hatte äußerste Schwierigkeiten, die so subtil und klar herausgearbeiteten Charakteristika systematischer und unsystematischer Schizophrenien auswendig zu beherrschen.

Die Kollegin enthob mich dieser Mühsal.

Als erstes begann sie meine über einhundert Dauerpatienten zu ordnen. Zu meiner Überraschung hatten fast alle eine affektvolle Paraphrenie.

Das Vokabular, das ich zur notwendigen Fachkommunikation erlernen mußte, engte sich damit zu meiner Erleichterung ein.

Als ich meinen Ausreiseantrag stellte, war das Maß dessen, was ich schlucken konnte, übervoll.

Ich ließ keinen Bittgottesdienst, keine Demonstration aus, um diesem Spuk endlich ein Ende zu setzen.

Als die Grenzen sich öffneten, heulte ich mit vielen anderen. Das war erleichternd. Anfangs glaubte ich, viele Grenzen losgeworden zu sein. Das erwies sich leider als Illusion, wie ich meiner Tagebuch-Aufzeichnung vom 17.1.1992 entnehmen kann:

Ich hatte mich mit Kollegin S. in der Stadt verabredet. Beim Hin- und Herwenden der verschiedenen Möglichkeiten kamen wie beide auf das ......-Haus. Wir verbanden gewissermaßen »kollektiv« eine gute Erinnerung damit.

Der vernieselte Tag erleichterte der Dämmerung ihren Einzug. Da die Laternen noch nicht eingeschaltet waren, umhüllte ein einheitliches Grau die Brüstung des Kanalufers, die Straße und die mit einer überlebten Weihnachtstanne dekorierte Eingangstreppe.

Früher hatte ich oft Not, einen unbesetzten Tisch zu finden. Jetzt waren Kollegin S. und ich die einzigen Gäste. Eine allgemeine Grauheit schien auch hier den Raum zu überziehen – Tiefgang vor dem Aufschwung? Ich fröstelte.

Das Essen schmeckte wenigstens einigermaßen, und die vielen Neuigkeiten, die uns bewegten, belebten zusehends unser Gespräch. Unsere ehemalige, uns gemeinsam so vertraute psychiatri-

117

sche Arbeitsstelle hatte einen gewaltigen Sprung in die Zukunft getan, sie war in die Trägerschaft der Diakonie übergegangen. Zur Feier der Übernahme fand ein Gottesdienst statt. Es unterließ offenbar keiner der alten Kollegen, seiner Dankbarkeit über diese existentielle Rettung nachzugehen.

Die Prominenz saß in der ersten Reihe. Die Bekehrten unter ihnen. Kollege Vogel, den sein Wille zum beruflichen Erfolg steil, wenn auch nicht dornenfrei nach oben geführt hatte, mußte unter den leidigen Umständen des ehemaligen SED-Staates den Lift des roten Parteibuches in Anspruch nehmen, um in das Turmstübchen des Erfolges zu gelangen. Im Abschlußgebet dankte er jetzt innig Gott, der ihn von dieser Prüfung entbunden hatte.

Kollegin Taler, einst für ihren festen roten Schritt berühmt, immer im Schlachtfeld fortschrittlicher Auseinandersetzungen ganz vorn und konsequent eingeengt in das Korsett ihrer Überzeugung, die sie sich im Studium marxistisch-leninistischer Wissenschaften erworben hatte, lobte betend den Herrn, der sie von der Irrlehre errettet und zu höherer Einsicht geführt hatte.

Es muß schön und erhebend gewesen sein, wieder in der ersten Reihe – diesmal den Herrgott zu lobpreisen! Aufgenommen die reuigen Sünder in den verzeihenden Schoß der Kirche nach Zeiten, da man es miteinander durchaus nicht leicht gehabt hatte. Die Güte des Herrn währet ewiglich. Schließlich war das »Leben in Rot« nicht gerade einfach gewesen. Die vielen Sitzungen, die Plan-Aufgaben und Plan-Abrechnungen, die Erfolgsmeldungen von der Kampffront des sozialistischen Gesundheitswesens, die wöchentlichen Parteischulungen. Nun werden sie wohl durch gemeinsame Stunden in Bibelkunde ersetzt. In kirchlichem Bereich ist eben ein feiner Unterschied zwischen Wende und Bekehrung.

Die von mir wegen ihrer selbstbewußten Leiter-Persönlichkeit so hochgeschätzte Kollegin Schöne hatte diesen Weg bereits schon einmal erfolgreich durcheilt. In Zeiten sozialistischer Hochblüte, wo der Mensch von System wegen intakt, d. h. gesund war (gut, sozial, ehrlich, aufrichtig, arbeitsam, vorbildlich seiner Familie als Keimzelle der Gesellschaft zugewandt), galt ihre Verachtung, die sie sehr fachfundiert belegen konnte, der »sogenannten Psychotherapie«. Das war keine »exakt wissenschaftlich« nachvollziehbare Methode, sie besaß keine »exakt wissenschaftlich« beweisbare Grundlage.

Damit blieb sie den zu hypothetischen Schwärmereien abgeirrten Kollegen überlassen.

Der Personenkreis, der für solche Verfahren – wahrscheinlich nur noch in der Übergangsperiode vom Sozialismus zum Kommunismus – anfällig war, konnte als Patient oder Kollege im multiaxialen Schema »exakt wissenschaftlich« untergebracht und verarbeitet werden. Vielleicht zog dieser Personenkreis noch einigen lerntheoretisch untermauerten Nutzen, was bei der Endogenität, die das Schicksal dieser Menschen ja so schicksalhaft festlegt, sich leider oft als fragwürdig herausstellte. Mich traf beinahe der Schlag, als ich der Ankündigung eines der ersten vereinten Kongresse unseres Fachs entnahm, daß sie ein Hauptreferat zum Thema Psychotherapie zu halten sich durchgerungen hatte. Man muß Signale setzen!

Echte Konvertiten haben es nicht leicht. Das Ringen um neue Einsichten kann über den Glauben erfolgen. Oft aber ist die harte Arbeit, das nötige Fachvokabular sich anzueignen, eine nicht zu unterschätzende Anstrengung.

Dieter W.

Mehrfach psychoseerfahren – eine moderne Odyssee

Ein Gesprächsprotokoll von Ingeborg Esterer

Um meine Geschichte zu erzählen, muß ich in die Geschichte meiner Familie zurückgehen. Denn Vergangenheit und Gegenwart haben unmittelbar miteinander zu tun.

Meine Mutter stammt aus einer alten Adelsfamilie. Ein Ort in Holland trägt sogar diesen Namen. Sie hatte – wie damals so üblich – ein Pensionat für höhere Töchter besucht, aber keine berufliche Ausbildung. Mein Vater kommt aus einer Akademiker-Familie: Ärzte, Richter, Pfarrer. Er selber scherte aus und wurde Berufsoffizier.

1921 haben meine Eltern geheiratet. Die Ehe war nicht glücklich. Mein Vater hatte von Anfang an Freundinnen, die er auch untereinander betrog. Er war eine Landsknechttype – stark und fröhlich: Wes Brot ich eß', des Lied ich sing!...

Meine Mutter lebte voll und ganz in der Kaiserzeit. 1918 war für sie die Welt untergegangen. Sie flüchtete sich in Depressionen, die mein Vater wiederum auf das Konto »adliges Erbe« verbuchte.

Vom 4. bis 10. Lebensjahr war ich in unterschiedlichen Heimen, zuerst in Thüringen, später – mit der Einschulung – in einem Kinderheim in Bayern, an das eine private Vorschule angeschlossen war. Meine Mutter hat mich zwar öfter besucht. Aber diese Besuche waren mir lästig. Ich fühlte mich wohl in diesen Heimen, denn ich war der Liebling aller Tanten...

Dann kam der große Einschnitt: Kriegsende, Kapitulation – der 8. Mai 1945. Fünf Tage vor dem Zusammenbruch gelang es meiner Mutter, von Berlin aus zwischen den Fronten – Amis und Russen – nach Bayern zu kommen, also zu mir zu flüchten. Ich mußte raus aus dem Heim, und wir wurden in einer winzigen Bauernstube einquartiert.

Dennoch – unsere Ersparnisse waren im Winter 45/46 aufgebraucht. Meine Mutter machte einen Selbstmordversuch mit Schlaftabletten. Ich habe meine Mutter nie sehr gemocht, jetzt haßte ich sie. Statt sich um Geld zu kümmern, legte sie sich ins Bett, um sich umzubringen...

So mußte ich das Geld vom Sozialamt einteilen: Lebensmittel einkaufen, neun Mark für die Miete zurücklegen. Das Zimmer hatte nur einen Ofen, also mußte ich Bäume fällen und das Holz nach Hause schleppen. Ich war es, der meine Mutter versorgte. Sie lag nur rum – total apathisch und passiv...

Ab 1946 kam mein Vater regelmäßig zu Weihnachten von Hamburg zu Besuch. Im Bett liegend mußte ich mir stundenlange Ehekräche anhören. Meine Mutter sprach nur von ihren Ansprüchen und Rechten. Daß sie depressiv war, wußte ich damals noch nicht...

War der Vater wieder weg, erzählte sie mir, daß er sie betrügen würde und sich deshalb nicht um uns kümmerte. Ich war der seelische Müll-Abladeplatz meiner Mutter, was mich wütend machte. Ich fand meinen Vater gut, ich hatte Verständnis für ihn. Er war immer fröhlich, fragte mich, was wir zusammen machen wollten, spielte sich nie als Vater auf.

Der nächste große Einschnitt war Weihnachten 1949. Da es in unserer näheren Umgebung keine weiterführenden Schulen gab, setzte meine Mutter meinen Vater unter Druck: Wir müßten nach Hamburg übersiedeln. Erst sträubte er sich, dann gab er nach. Er brachte uns in dem Büro einer Firma unter, die englische Panzer verschrottete. Vater war arbeitslos, Mutter und ich lebten von Sozialhilfe.

Im Frühjahr 1950 machte meine Mutter den zweiten Selbstmordversuch. Der Grund waren wieder die Freundinnen meines Vaters. Er wohnte zwar bei uns, kam aber nur zum Schlafen spät in der Nacht nach Hause.

Daß Freundinnen und Sexualität so ein Problem für meine Mutter war, konnte ich mit 15 noch nicht verstehen. Darum versuchte ich immer wieder, Vater und Mutter miteinander zu versöhnen. Aber schließlich gab ich das auf und zog mich auf mich selbst und die Erinnerungen an die fünf glücklichen Jahre in den Kinderheimen zurück.

Für meine Klassenkameraden war ich jemand vom Dorf, ein Spätentwickler. Der Abstand zu ihnen wurde immer größer – ich vereinsamte immer mehr. Einmal blieb ich drei Monate ganz von der Schule weg, saß zu Hause, machte gar nichts mehr.

Die Überzeugung, daß Leben nicht lohnt, kam mir auch aus der Literatur: Kafkas »Prozeß«, Hesses »Steppenwolf«, Goethes »Leiden des jungen Werther«, Orwells »1984«. Immerhin – ich machte ein gutes Abitur. Jetzt wollte ich Jura studieren.

Ich immatrikulierte mich an der Hamburger Uni. Durch die Studentenverbindung lernte ich zum ersten Mal in Hamburg richtige Freunde kennen. Trotzdem zog es mich fort: Ich wollte die Stadt verlassen, wo mir so viele schlimme Sachen widerfahren waren. Ich ging nach Innsbruck, verlebte ein sorgenfreies Ski-Semester, und dann nach München, um wirklich ernsthaft zu studieren. Mein Vater bekam seit 1955 eine hohe Pension und hatte sich bereit erklärt, mein Studium zu finanzieren.

Jetzt jedoch geriet ich mit den Menschen, die Jura lehrten und lernten, zunehmend in Zwiespalt: Ich lehnte sie immer mehr ab. Diese Krise entwickelte sich zu einer handfesten Manie, die dann in den Semesterferien in Hamburg in eine sehr starke Depression umschlug.

Mein Vater brachte mich in die Psychiatrie der Universitätsklinik, wo ich von dem legendären Prof. Bürgerprinz behandelt wurde. Ich unterzog mich einer Insulin-Schock-Therapie: Jeden Tag lag ich eine halbe Stunde im Koma und wurde anschließend durch Tee mit Traubenzucker wieder zum Leben erweckt. Damals gab es noch keine Psychopharmaka.

Nach drei Monaten wurde ich als geheilt entlassen. Nach einem herrlichen Bummeljahr mit vielen Reisen setzte ich mein Studium in Heidelberg fort.

Mein Versuch, nun möglichst rasch mein 1. juristisches Staatsexamen mit einer Vier zu bestehen, schlug fehl. Ich erlitt zwei Nervenzusammenbrüche: Die Materie hatte mich im wahrsten Sinne des Wortes erschlagen.

Auch der erneute Anlauf nach zwei Jahren, die Jura-Hürde zu nehmen – diesmal in Saarbrücken, mißlang.

Ich brach das Jura-Studium endgültig ab und nahm wieder diverse Jobs an. Da jede meiner Tätigkeiten schlechter war als die vorangegangene, bekam ich immer mehr Minderwertigkeitskomplexe. Die Folge: Ich tat weniger und weniger und schließlich überhaupt nichts mehr. Ich legte mich ins Bett, aß nichts mehr, trank nur noch Wasser und wartete darauf, daß ich sterben würde... Ich bewohnte damals mietfrei ein halbfertiges Haus – dem Besitzer war das Geld ausgegangen. Es war Winter. Zuerst habe ich noch den Ofen geheizt, Kohlen waren genug da. Aber dann tat ich auch das nicht mehr. Ich deckte mich lediglich mit sechs Decken zu.

Als im Frühjahr '63 die Bauarbeiten fortgesetzt wurden, fand man mich – völlig verwahrlost, elend und halb verhungert. Ein junger Bauarbeiter nahm sich meiner an. Er zwang mich, mich zu waschen und zu rasieren, kaufte mir eine Fahrkarte nach Hamburg und setzte mich am nächsten Morgen in den Zug.

Wieder im Norden, machte ich Kassensturz: akademische Laufbahn endgültig passé, Leben als kleiner Angestellter nicht vorstellbar, Minderwertigkeitskomplexe und Depressionen nur durch harte Arbeit zu vertreiben. Also nahm ich ein Angebot als Möbelpacker in Herford an. Nach einem Jahr war ich körperlich total fit. Alle geistigen Interessen – ich las kein Buch, nur BILD – und psychischen Probleme – ich schlief wie ein Sack – waren wie weggeblasen. Aber dann wendete sich wieder das Blatt...

Vier Wochen Versicherungsgesellschaft, dann Rausschmiß, weil ich versucht hatte, ohne Geld eine eigene Lebensversicherung abzuschließen. Auf nach Berlin, in einer Kneipe als Fluchthelfer angeheuert, Verhaftung, da ich eines meiner Ausweispapiere einem Flüchtling gegeben hatte. Drei Monate U-Haft mit sechs anderen in der Zelle, dann nach Helmstedt abgeschoben, Verhör durch den westdeutschen Verfassungsschutz und zurück nach Berlin. Dort habe ich dann elf Monate als Nachtwächter gearbeitet, weil ich mich nicht in geschlossenen Räumen aufhalten konnte: Seit der Haft litt ich an einer Klaustrophobie.

Ich wohnte in einem halb verfallenen Haus innerhalb der Geisterzone der Grenze mit Blick auf den Potsdamer Platz und die DDR-Ministerien. Meine Wirtin, eine Kindergärtnerin, fing ein Verhältnis mit mir an – so rauschhaft und wild, wie ich es nie vorher oder nachher erlebt habe. Sie gab mir zu essen, ich brauchte auch keine Miete zu bezahlen. Aber sie wollte nicht mit mir nach Westdeutschland gehen. Ihre siebenjährige Tochter konnte mich nicht leiden.

Ich kündigte meinen Nachtwächter-Posten, blieb noch so lange in Berlin, bis mein Geld alle war, und zog dann nach Hamburg zu meiner Mutter. Als dort ein Unterkiefer-Abzeß notoperiert werden mußte, verschwanden meine Depressionen. Körperliche Krankheiten verdrängen die seelischen. Gesundheitlich ging es mir gut. Ich nahm keine Medikamente.

An meinem 33. Geburtstag 1968 lernte ich im Tanzlokal Bocaccio am Hauptbahnhof meine Frau kennen. Was ich toll fand: Irmgard hatte sich in 14 Jahren von einer ungelernten Kraft zur Chefsekretärin einer Sparkasse hochgearbeitet.

Schon nach wenigen Monaten heirateten wir. Durch den Tod meiner Mutter – sie starb an einem Schlaganfall – hatten wir auch gleich eine Wohnung.

Mein Leben verlief jetzt in ruhigen Bahnen. Ich hatte eine Anstellung in der Marktforschung der BAT gefunden, und zum ersten Mal war ich nicht mehr allein. Ich war sehr glücklich. Nach zweieinhalb Jahren – im März '71 – wurde mein erster Sohn Theo geboren, im April '73 der zweite – Thorsten.

1972 bekam ich jedoch zunehmend Probleme mit meinem Chef, wohl weil ich ihm in manchem an Wissen überlegen war. Aus Wut über die Kontroversen kündigte ich.

Nach einem gescheiterten Arbeitsversuch als »Angestellter in der Tätigkeit eines Erziehers« in einem Heim für schwer erziehbare Kinder brach mein eh schon angekratztes Selbstbewußtsein völlig zusammen…

Von Oktober '72 bis April '75 war ich schwer depressiv. Ich saß nur zu Hause rum – schweigend – und machte gar nichts. Ich wurde ambulant behandelt, bekam viele Medikamente. Meine Frau war liebevoll und fürsorglich, obwohl sie sich meinen Zustand nicht erklären konnte. Als sie meine Ärzte mal um Aufklärung bat, wurde sie abgewiesen.

Im Frühling 1975 hatte ich durch einen sehr verständnisvollen Personalchef noch einmal die Chance, eine Arbeit als Rechnungsprüfer in einer Maschinenfabrik zu bekommen. Nebenher studierte ich in Abendkursen an der Fachhochschule Betriebswirtschaft. Das letzte halbe Jahr war eine Art Crash-Kursus, also sehr anstrengend. Ich bestand das Examen mit 1,4 – aber nervlich war ich im Keller…

Mit letzter Kraft habe ich noch etwa zehn Bewerbungen geschrieben, bekam von allen eine sofortige Ablehnung und brach am 10. Februar 1978 völlig zusammen. Es wäre der 80. Geburtstag meines Vaters gewesen – er ist mit 74 gestorben –, und es war zugleich der letzte Arbeitstag in meinem Leben!

18 Monate war ich krank geschrieben und erhielt – mit zwei Kindern – 90 Prozent des Gehalts, danach Sozialhilfe. Wir lebten von sehr wenig. Aber meine Frau ist ein Finanzgenie. Und Kleidung bekamen wir geschenkt.

Meine Kinder reagierten »gesund«: Sie zogen sich völlig von mir zurück – und ich mich dann auch von ihnen. Tag und Nacht war ich allein in meinem Zimmer, aß dort, schlief dort, machte nichts – nur mal Kreuzworträtsel oder Rundfunk hören. Ich war vollgestopft mit Tabletten…

1981 ging ich nochmal zum Arbeitsamt, um mich im Kaufmännischen zu bewerben. Mehrere Vermittlungsversuche schlugen fehl. Das Arbeitsamt riet mir dringend, die Rente einzureichen. Das tat ich dann, und sie wurde genehmigt: erst dreimal eine Zeit-Rente und fünf Jahre später die endgültige Rente…

Durch eine Sozialarbeiterin erhielt ich eine Liste über Gruppen im psychiatrischen Bereich. Hier hatte ich zum ersten Mal die Möglichkeit, mich mit Menschen auszutauschen, die ähnliche Erfahrungen gemacht hatten wie ich. Durch diese einfühlsamen Gespräche lernte ich mehr und mehr, meine Probleme zu erkennen und zu lösen. So bin ich allmählich gesund geworden. Und heute versuche ich, mit meinen Erfahrungen anderen zu helfen.

Ja, und was die Familie betrifft… Als meine Söhne in die Pubertät kamen, fingen sie an, mir auf der Nase rumzutanzen. Da meine Frau dieses Verhalten tolerierte, kam ich mir allmählich wie der Unterste in der Hierarchie der Familie vor. Ich reagierte beleidigt und verletzt und fing an, diese meine Gefühle aufzuschreiben. Das erleichterte mich – auch heute noch.

Als der Älteste volljährig wurde, haben er und sein Bruder mich zum Abendessen in einem sizilianischen Lokal eingeladen. Bei diesem Essen erklärte ich meinen Söhnen die Ursachen und Auswirkungen meiner Krankheit und die dadurch bedingte andere Lebensform: beruflicher Niedergang, gesellschaftliche Diskriminierung, finanzielle Misere. Sie hörten mir zu, sagten aber nichts. Dennoch – seit diesem Abend leben wir in wohlwollender Distanz miteinander. Der Ältere studiert Physik. Der Jüngere hat gerade Abitur gemacht und sich für den gehobenen Verwaltungsdienst beim Senat beworben. Beide wohnen sie noch zu Hause, der Ältere ist allerdings auf dem Absprung zu seiner Freundin.

Meine Frau und ich führen eine ganz normale Ehe. In der Depression war ich fügsam und sie liebevoll. Heute hingegen, da ich selbstbewußter bin und meine eigenen Interessen durchsetzen will, gibt es öfter mal handfeste Kräche. Aber wir haben auch beide gelernt, uns danach wieder zu versöhnen. Und nichts ist schöner als das...

Elisabeth F.

Sterntaler – Lebenserfahrung als Berufsqualifikation

Ein Gesprächsprotokoll von Thomas Bock

Ich war *die* Bezugsperson meiner Mutter schlechthin. Wir waren zu zweit, und sonst gab's niemand weiter auf der großen weiten Welt. Mein Vater ist gestorben, als ich neun war. Ab da kann ich mich bewußt erinnern. Aber ich weiß, daß es auch schon davor Dinge gab, die einfach anders waren bei uns. Eingewiesen wurde meine Mutter erst, als ich mit knapp 17 auszog.

Meine Mutter war mit Sicherheit sehr depressiv, nachdem mein Vater verstorben war – mit Vorhänge vorziehen, nicht mehr aus dem Haus gehen. Und es durfte nichts laut sein. Ich bin immer auf den Zehenspitzen geschlichen. Und ich durfte auch nie jemanden mit nach Hause bringen. Da war sicherlich das Gefühl, es ist bei uns irgendwie anders. Aber, als ich noch Kind war, habe ich das nicht als krank bezeichnet. Wir haben darüber nie gesprochen. So krank meine Mutter auch war – sie hatte eine große Durchsetzungskraft und erreichte so, daß alles »selbstverständlich« war und es darüber keine Gespräche gab. Auseinandersetzungen gab es höchstens wegen der Tabletten. Ich kann mir keinen Menschen vorstellen, der in seinem Leben soviel Tabletten »gefressen« hat. Bei uns war alles voll – alle Schubladen, überall, wo du hingucktest. Darüber gab's oft Streit. Ich hab' sie oft zusammengesammelt und weggeschmissen.

Todesangst

Meine Mutter führte zunehmend Selbstgespräche – anfangs zu Hause laut, auch in der Nacht, und irgendwann sogar, wenn wir draußen waren. Dieser Kontrollverlust nahm zu, dieses Selbstsprechen, wenn man durch die Straße ging. Ich glaube nicht, daß ich gedacht habe: die ist verrückt. Es war mir einfach nur peinlich, und es war schrecklich, z. B. daß alle im Bus guckten.

127

Zuhause war es häufig einfach beängstigend. Ich denke, daß ich drei, vier Jahre in latenter Todesangst gelebt habe: Entweder meine Mutter tut sich was an, oder sie tut uns beiden was an. Das hat sie auch so geäußert: »Wenn ich nicht mehr bin, dann kommst Du ins Heim«. Oder sie hat gesagt: »Am besten wär's, wenn wir beide nicht da wären« oder »Ich wünschte, daß es uns nicht gäbe oder daß es dich nicht gäbe oder daß es mich nicht gäbe...«.

Das war die schlimmste Zeit, als mein Vater tot war. Da war ich knapp neun. Doch ein Rückhalt war mein Vater auch nicht. Er war selbst ziemlich daneben. Ach Gott, ach Gott, die ganze Scheiß-Familiengeschichte... Also mein Vater war mit Sicherheit kein Rückhalt. Komisch ist, daß ich mich an die Zeit, bevor er starb, kaum erinnern kann. Mein Vater hat getrunken. Er war viel weg. Wir waren keine normale Familie. Bei uns war es immer vollends chaotisch, vollends unaufgeräumt. Es war sehr ärmlich. Mein Vater und meine Mutter hatten getrennte Zimmer. Mein Vater war 30 Jahre älter als meine Mutter. Er ist sehr alt gewesen, ist mit 74 gestorben, ganz normal, nicht am Alkohol.

Klar, ich hab mir schon jüngere Eltern gewünscht. Wenn ich mitgekriegt hab', daß andere Kinder mit ihren Eltern wegfahren oder toben oder sowas: Da hab ich mich schon danach gesehnt. Oder wenn Kinder meine Eltern als meine Großeltern oder meinen Vater als meinen Großvater angesehen haben oder mir nicht geglaubt haben, daß das mein Vater war, war das schon kränkend und verletzend.

Was mir Kraft gegeben hat? Ich glaube fast die Schule. Ich war eine recht gute Schülerin. Ich glaube, für mich war die Schule die Rettung, obwohl die Lehrer um meine Situation nicht wußten. Und ich hab mir Elternhäuser woanders gesucht, soweit das ging. Ich war ein richtiger Flüchter. Ich bin weggewesen, so häufig ich konnte. Tagsüber habe ich das Zuhause richtig gemieden.

Feinde

Die anderen Eltern und die Lehrer wußten nichts Genaues. Wir waren zwar schon ein bißchen bekannt in der Stadt, doch mehr wegen der Geschichte meines Vaters. Ich komme aus einer Kleinstadt, da verläuft sich alles nicht so ewig. Der Weg, den meine Mutter dann auch gegangen ist, bis hin zur Psychose, der hat seinen Ausgang genommen mit meinem Vater: Der hatte die Geschichte in der Stadt, daß er im Dritten Reich nicht mitgemacht hat. Er war kein Widerstandskämpfer, eher ein Kaisertreuer. Aber er hat jedenfalls viele Nachteile gehabt, weil er nicht in die Partei gegangen ist. Und insofern war er mit vielen Familien in der Stadt verfeindet. Wir haben nicht in den Geschäften gekauft, die um uns rum waren. Wir haben immer am anderen Ende der Stadt eingekauft in Supermärkten, weil mein Vater nicht zu den Leuten ging, von denen er wußte, daß sie in der Partei waren. Da muß es auch Kräche gegeben haben oder irgendwelche Eklats; das hat mir später meine Mutter ansatzweise erzählt – von meinem Vater hab ich das natürlich nie gehört. Jedenfalls war immer so eine Atmosphäre der Bedrohung. Ich wußte nur, mit denen darf ich nicht sprechen, und denen darf ich auf keinen Fall davon erzählen, was bei uns zu Hause ist. Und wenn man mich auf meinen Vater oder meine Mutter anspricht, soll ich weggehen oder weglaufen.

Später gab es eine Zeit, da war ich sehr stolz darauf, daß mein Vater so ein konsequenter Mensch war. Aber der Stolz hat nicht gereicht, denn den konnte ich niemandem vermitteln oder erzählen – den hab ich mir so geträumt, daß mein Vater ein guter Mensch war und daß wir deswegen drunter leiden mußten. Als ich klein war, wußte ich nur, alle erwachsenen Menschen sind meine Feinde – aber warum, wußte ich nicht.

Einweisung

Ich habe die Volksschule und dann die Handelsschule in unserer kleinen Stadt besucht. Dann bin ich mit 17 in eine andere Stadt gezogen, um auf's Gymnasium gehen zu können. Ich habe meine Mutter am Wochenende besucht; anfangs bin ich sogar gependelt, bis ich umgezogen bin. Eine eigene Wohnung zu haben, war herrlich, echt schön. Es war bloß eine Wohnung, in die meine Mutter ab und zu hingekommen ist. Meine Mutter ist in der ersten Zeit öfter gependelt. Sie kam auch ohne Absprache und blieb über Nacht. Ich war dadurch nicht richtig räumlich abgegrenzt. Aber sie mußte ja mit dem Zug fahren, und wenn sie erstmal weggefahren war, dann wußte ich: Jetzt kommt sie nicht gleich wieder. –

Damals wurde sie dann zwangseingewiesen – ich hab' den Bericht sogar noch, den Durchschlag von dieser Einweisung. Sie ist in der Stadt verwirrt aufgegriffen worden, konnte sich nicht ausdrücken, worum es geht. Sie dachte auch, daß »Wanzen« in der Wohnung seien, wo sie wohnte, oder daß die Hausleute vor der Tür stehen oder lauschen oder daß sie die Post nicht kriegt, falls ich ihr schreibe. Trotzdem habe ich zu dem Zeitpunkt nicht gedacht: Weil ich ausgezogen bin, ist sie in die Klinik gekommen. Ich war froh, daß sie da drin war. Sie hat ja völlig verrückte Geschichten gemacht: Sie ist z. B. zu meiner Schule gerannt und hat mit dem Rektor gesprochen, daß er mich schützen müßte, weil ich in Gefahr sei. Das war alles fürchterlich. Ich war froh, daß sie weg vom Fenster war.

Ein Schatz

Ja, woher habe ich die Kraft genommen, selbständig zu werden? Meine Mutter hat auch noch eine andere Seite gehabt, eine unterstützende Seite. Aber das war es nicht allein. Ich habe mir als Kind so richtig was zurechtgesponnen. Als mein Vater tot war, habe ich gedacht, da ist ein Schatz, irgendwo liegt ein Schatz für mich. Wir waren ja sehr arm, und ich dachte, irgendwo hat er den für mich hinterlegt. Ich habe gern diese klassischen englischen Geschichten gelesen von irgendeinem Waisenkind, das dann irgendwann erlöst wird. So wie »Sterntaler«…
Später habe ich dann einen Freund gehabt – also keine Liebesbeziehung, sondern einen Schulfreund. In seiner Familie bin ich sehr häufig gewesen. Das war das erste Mal, daß ich das Gefühl hatte, ich werde in eine Familie integriert. Das hat mich sehr gestützt. Mit diesem Freund konnte ich auch reden. Er hat auch ein paar Szenen mit meiner Mutter miterlebt. Ihn konnte ich auch anrufen und sagen: »Du, kannst nicht mal runter kommen. Bei uns ist wieder Terror…«

Als meine Mutter dann im Krankenhaus war, habe ich sie ziemlich häufig besucht. Sie war in der Folge vier- oder fünfmal da. Es begann ein Kreislauf. Sie kam raus, kam wieder rein, kam raus, kam wieder rein. Irgendwann hat sie auch eine Pflegschaft bekommen, über Finanzen und Aufenthaltsbestimmungsrecht. Ich habe sie häufig besucht. Aber ich war nicht mehr die einzige, die für sie gesorgt hat.

Irgendwann hat sie es geschafft, wieder ganz aus der Psychiatrie herauszukommen, ich weiß auch nicht genau, wie.

Vor zehn Jahren ist sie an Krebs gestorben. Da war sie aber aus der Psychiatrie schon lange wieder weg.

Es gab noch einmal einen Punkt, an dem ich ansatzweise ein schlechtes Gewissen hatte. Als ich aus meiner eigenen Wohnung auszog, um nach P. zu gehen – es gab damals einen Partner, der dahin mußte – da habe ich mich sehr schwer getan mit der Entscheidung, ob ich das machen kann, ob ich's verantworten kann. Zu dem Zeitpunkt hat sie die Pflegschaft bekommen. Damals hat mir noch ein Arzt meiner Mutter geraten, ich sollte weggehen. Das war sozusagen das einzige Mal, daß ich als Angehörige einbezogen wurde.

Die eigene Berufswahl

Ich habe sicherlich damals schon gedacht, daß meine Mutter nicht die richtige Hilfe kriegt und mit ihren ganzen Sorgen und Problemen allein ist. Und daß ich mich gerade für Psychodrama entschieden habe – das hat einen ganz direkten Zusammenhang: Meine Mutter hat ja Szenarien zu Hause hingelegt mit Messerstechereien und Blut usw. Sie hat die Menschen, auf die sie einen Haß hatte, lautstark in der Wohnung gemeuchelt und gemordet. Das war damals schrecklich. Ich konnte mir das zwar alles anhören, aber ich konnte ihr ja nicht helfen. Aber daß es da etwas gibt, was ihr hätte helfen können, das habe ich eigentlich immer gedacht oder gewußt. – Und daß ich Angehörigenarbeit mache, das hat bestimmt auch etwas damit zu tun. Ich habe eben ständig im Kopf, daß es immer viele sind, die davon betroffen sind.

Vielleicht tue ich in meiner Arbeit in gewisser Weise immer noch etwas für meine Mutter, doch eher noch für mich selbst, indem ich die Hilflosigkeit von damals zu überwinden versuche. Ich habe heute nicht das Gefühl, das ist alles aussichtslos. Manchmal ist da sogar so ein »Hähä«-Gefühl im Hintergrund: Lange Zeit habe ich gedacht, mein Leben war nur eingeschränkt; ich habe unter meiner Familie zu leiden gehabt. Ich hatte auch Angst vor Menschen zu überwinden, habe einen weiten Weg zurückgelegt von »Ich darf mit niemandem sprechen« bis zu unserem Gespräch jetzt. Dazwischen lag einiges an Arbeit. Und ich hab' lange Zeit immer gedacht, es hat mir alles nur geschadet. Ich habe mir diese ganzen Geschichten meiner Mutter jahrelang angehört – die ganzen Verrücktheiten – und jetzt habe ich das Gefühl: Mensch, das war doch zu was gut! Ich verdiene jetzt nämlich mein Geld damit. Das, was ich erlebt habe, war nicht nur Last – das war nicht nur Ballast. Ich muß meinen Weg finden. Meine Lebensgeschichte hat zu meiner Berufsbildung beigetragen. Meine Lebenserfahrung ist eine Qualifikation für meinen Beruf.

Mich schreckt sehr wenig, es sei denn, es geht jemand mit einem Messer auf mich los. Von dem, was Leute so sagen können oder was sie von sich geben können, da schreckt mich wirklich nichts.

Ich habe selber sehr lange Therapie gemacht. Und ich habe lange sortiert, vom Verstand her sortiert: Warum ist meine Mutter krank geworden, wie war die Geschichte in der Stadt, was hat das Dritte Reich dazu beigetragen, was war die Geschichte, die mein Vater erlebt hat. Ich hab' sortiert zwischen dem, was gewöhnlich als krank und verrückt bezeichnet wird, und dem, was wirklich ganz handfeste reale Ursachen hatte.

Doch was hat mir beim Sortieren geholfen? Mit einem Menschen habe ich sehr viel darüber gesprochen. Zu Beginn des Studiums habe ich einen Mann kennengelernt, einen Mitstudenten, der zum ersten Mal überhaupt sowas wissen wollte und der auch die Idee hatte, daß Verhältnisse Menschen krank machen können. Daß das Verrücktsein nicht aus der Seele kommt, ohne daß das Äußere damit zu tun hat. Also alle Sachen, die meine Mutter in der Psychose oder auch später erlebt hat, die habe ich in ihrer Entstehungsgeschichte mitgekriegt. Meine Mutter war ja nicht urplötzlich knallverrückt, sondern hat für mich eine nachvollziehbare Geschichte. Ich habe diesen ganzen jahrelangen Aufbau mitgekriegt.

Kollegen

Meine Kollegen kennen meine Geschichte nicht. Ich will noch nicht, daß sie das mitbekommen. Ich habe das lange überlegt und prüfe es natürlich auch immer wieder neu. Ich wäre wohl noch zu verletzlich für irgendeinen dummen Spruch. Ich habe oft das Gefühl, daß meine Kollegen die Entstehungsgeschichten von Krankheiten nicht gefühlsmäßig nachvollziehen bei Patienten. Und sie werden auch mich nicht verstehen. Ich will nicht, daß sie sagen: »Oh wie schrecklich« oder »Ach, da hast du ja viel mitgemacht« oder »Mein Gott, aber das merkt man dir ja gar nicht an«, oder daß jemand sagt: »Ach, du wirkst immer, als wenn du aus'm behüteten Elternhaus gekommen wärst; du bist immer so brav…« Meine Befürchtung ist die, daß jemand sagen könnte, »Mein Gott, du bist ja wohl nicht abgegrenzt genug.« Also wenn ich bei der Arbeit mit Patienten zuviel Verständnis zeige – was schon mal vorkommt; also ich bin sicherlich als diejenige verschrien, die zu nachgiebig ist, zu einfühlsam, zu lange am Ball bleibt bei etwas… – daß da jemand mir vorwerfen könnte: »Mensch, das richtige Professionelle ist das ja nicht.«

Eigentlich bin ich überzeugt, daß mir meine Lebensgeschichte einen besonderen gefühlsmäßigen Zugang zum Leiden anderer Menschen erlaubt. Doch noch bin ich an dieser Stelle sehr empfindlich und muß mich nicht allen ausliefern. Ich glaube, ich will auch nicht, daß diese meine Geschichte flüchtig abgehandelt wird. Ich bräuchte, um darüber reden zu können, tatsächlich das Interesse der anderen. Und bisher habe ich von mir aus auch noch nicht den Wunsch verspürt, darüber zu sprechen. Das ist so mehr was Intimes, Privates.

Vielleicht sogar der Schatz, von dem ich vorher gesprochen hab, der Schatz, den mein Vater und meine Mutter für mich vergraben haben.

Aspekte der Psychiatrie

»Der Stab im Wasser ist doch nur scheinbar
gebrochen, obwohl das Auge ihn so sieht.«
Ernst Bloch,
Tübinger Einleitung in die Philosophie, 1963

Guido Peltzer

Der Psychose Raum und Zeit geben
Eine philosophische Betrachtung

>>Das Wirkliche ist, was in unendlich vielen Perspektiven,
Kombinationen, Aktionen vorkommen kann,
mit einem Wort eine potentielle Unendlichkeit.<<
Paul Valéry

Was könnte die schizophrene Psychose neben einer medizinischen
Diagnose sein? Was macht sie mit den Betroffenen, den anderen und
uns Therapeuten? Inwiefern sind Beziehungen von Menschen untereinander betroffen? Kann die Psychose etwas über unser Verhältnis zur Wirklichkeit, zur Welt, in der wir leben, sagen? Wahrscheinlich werde ich mehr Fragen stellen als Antworten geben. Und wenn
jemand nach dem Lesen einen >>Knoten im Kopf hat<<, dann habe ich
einiges von dem ausdrücken können, was die Beschäftigung mit der
Schizophrenie bei mir auslöst.

Die Psychose bzw. die Psychiatrie ist ein Bereich, vor dem viele
Menschen Angst haben, um den sich viele Phantasien ranken, der
psychologisch gesprochen >>abgewehrt<< und aus dem Alltag ausge-
klammert wird. Meines Erachtens ist psychotisches Erleben aber
etwas Alltägliches, was die meisten Menschen nicht bemerken und
nicht beachten, da es unsere Wirklichkeitsauffassung radikal in
Frage stellt. Ja, es ist nicht einmal möglich, eindeutig zu sagen, was
eine Psychose ist. Deshalb möchte ich Fragen stellen, die diesen Bereich ausweiten und Beziehungen herstellen zu Überlegungen, die
eher außerhalb der Medizin und der Psychiatrie liegen.

Sensibilität

Psychotische Menschen stehen häufig unter dem Eindruck von Halluzinationen und Wahn und zeigen Verhaltensauffälligkeiten, die wir als absonderlich und eigentümlich ansehen. Es sind Verhaltens- und Erlebnisweisen, die nicht in unser normales Sozialleben passen und die oft dazu führen, daß diese Menschen aus dem familiären, beruflichen und sozialen Bezügen herausfallen.

In weiten Bereichen der modernen Psychiatrie hat sich das sogenannte »Vulnerabilitätskonzept« durchgesetzt. Damit wird eine Verletzlichkeit der Psychosekranken beschrieben, die multifaktoriell verursacht sein soll. Dieses Konzept bleibt dem Defizitmodell verhaftet. Ich halte den Begriff der »Sensibilität« der Psychosekranken für sinnvoller. Dieser Begriff ist ambivalent, wie die Psychose selbst. Sensibilität beschreibt eine besondere Verletzlichkeit, aber auch eine über das Normale hinausgehende Wahrnehmungsfähigkeit. Es wird außerdem darüber gestritten, welche Symptome die Ursache und welche die Folgen der Erkrankung sind. Sind die Halluzinationen die Ursache für die Ambivalenz? Ist eine Störung der Wahrnehmungs- und Filterfunktion des Gehirns, die sogenannte »Basisstörung«, die Ursache für halluzinatorisches Erleben? Ist die Psychose eine Beziehungsstörung? Ist die Unmöglichkeit, Beziehungen zu anderen Menschen aufzunehmen, die Grundstörung, oder verhindert das halluzinatorische Erleben die Aufnahme der Beziehung?

Entgrenzung

In meinem psychiatrischen Alltag ist die Frage leitend: »Erleben Sie Dinge oder nehmen Sie Dinge wahr, die von anderen nicht wahrgenommen bzw. nicht geteilt werden?« Dies hebt auf das Phänomen der »anderen Welt« des Psychosekranken ab.

Was ist mit einem Menschen passiert, der eine Tasse zum Mund führt und mitten in der Bewegung innehält und nicht mehr weiß, ob er die Tasse weiter zum Mund führen oder sie zurückstellen soll. Wir Psychiater sagen: »Er ist in der Ambivalenz steckengeblieben«. Was ist diese Ambivalenz, wo es nicht mehr vorwärts und nicht mehr rückwärts geht, wo nur noch ein Verharren im *Dazwischen* möglich erscheint? Gibt es in unserer Alltagswirklichkeit eine Zeit und einen Ort für diese Dazwischen und wie wäre das vorstellbar?

Eine mögliche Zugangsweise zum Verständnis der Psychose ist das Thema Grenzen und Entgrenzung. Das hieße, daß Grenzen nicht vorhanden sind und sich alles in einem fließenden Übergang befindet, daß das Diesseits und Jenseits der Grenze z. B. Innen und Außen oder Ich und Du vertauscht sind oder ununterscheidbar werden. Die Grenzen unserer Alltagswelt werden ausgeweitet, bis die Wirklichkeit sich als Halluzinations- und Wahnwelt darstellt und der Alltag keine Gültigkeit mehr hat. Körpergrenzen sind nicht mehr eindeutig bzw. es besteht Unklarheit darüber, ob bestimmte Körperteile zur eigenen Person gehören. Manchmal sind die Grenzen zwischen Ich und Du ununterscheidbar geworden, und die Welt wird so erlebt, als ob andere Personen zur eigenen Person gehören, bzw. die eigene Person in der Alltagswelt nicht mehr vorhanden ist.

Dabei stehen Ohnmachts- und Allmachtsgefühle häufig sehr nahe beieinander. BENEDETTI schreibt hierzu: »Die Ichentgrenzung z. B. läßt zwar die Person sterben, vereint sie aber gleichzeitig mit dem All. ... Die Ausschaltung von Welt bedeutet das Ende unseres fundamentalen In-der-Welt-Existierens, läßt jedoch auch eine nicht an Zeit und Raum gebundene Existenz ahnen.« (BENEDETTI 1983, S. 21).

Der Begriff der Entgrenzung könnte deshalb wichtig sein, da wir unsere Welt dadurch strukturieren, daß wir Grenzen setzen bzw. Unterschiede herstellen. Ich möchte hier eine Anleihe bei den Konstruktivisten machen: Es gibt Versuche, die Wirklichkeitsbeschreibung auf die Tatsache des Unterschieds zu reduzieren, gemäß dem Wort von BATESON »Unterschiede, die Unterschiede machen«. SIMON versucht dies in seinem gleichnamigen Buch, angelehnt an Spencer BROWN, zu entwickeln (SIMON S. 27–42). Dies besagt, daß Leben und Welt ausreichend beschrieben werden können, indem wir von Unterschieden und dem Herstellen und Auflösen von Unterschieden ausgehen. Umgekehrt enden Leben und Welt mit der Aufhebung der Unterschiede!

Dazu gehört auch die Auffassung von »Autopoesie« von lebenden Systemen und die *Zirkularität* der hierfür notwendigen Rückkoppelungsmechanismen. Dies meint, daß lebende Systeme sich selbst wiederherstellen. In einem unendlichen kreisförmigen Prozeß werden Veränderungen des Systems registriert und korrigiert und so das System selbst immer wieder neu geschaffen. Diese miteinander verbundenen und ineinandergreifenden zirkulären Prozesse sorgen für das Überleben und für die Aufrechterhaltung des Unterschieds des lebenden Systems, z. B. zwischen einem Menschen und der umgebenden Umwelt. Die Autopoesie definiert somit die Grenze zwischen Innen und Außen des lebenden Systems, diese Grenze wird durch zirkuläre Prozesse aufrechterhalten.

Zeitlos nirgends

Was aber, wenn der psychologische Prozeß selbst ein zirkulärer Prozeß ist, der die Grenze aufhebt und das Selbst in eine Umlaufbahn wirft, die es zum Verschwinden bringt? Mit dem Wegfall der Unterschiede könnte jemand »aus der Welt herausfallen« und gleichzeitig »zur Welt werden«. Ist mit der Aufhebung der Unterschiede auch die Aufhebung des Raum- und Zeitgefüges gegeben, in dem wir uns bewegen? Könnte man sagen, daß der Psychosekranke sich an einem *zeitlosen Nicht-Ort* wiederfindet, der einerseits im autistischen Sinne völlig aus unserer Welterfahrung herausfällt und andererseits alles gleichzeitig miteinbezieht? Ist dieser zeitlose Nicht-Ort das »Dazwischen« der tiefen psychotischen Ambivalenz? Ist dieses Dazwischen der Unterschied selbst? Was ist das, ein zeitloser Nicht-Ort, ein Dazwischen, die Ambivalenz, der Unterschied?

Manche Künstler versuchen, sich diesen Fragen und damit psychotischen Erlebnisweisen anzunähern. Exemplarisch seien genannt Ingeborg BACHMANN, Fernando PESSOA und Christa WOLF, die fragt: »Ich bin nicht ich. Du bist nicht du. Wer ist wir?« (WOLF S. 109). Auch der Tagungsbericht »Wahnwelten im Zusammenstoß« (HEINZ u. a.) versucht Psychose zu künstlerischer Produktion, naturwissenschaftlichen Theorien, soziologischen und philosophischen Überlegungen in Beziehung zu setzen. Damit ist die Eingangsfrage aufgeworfen, ob die Psychose denn ein Mehr oder Weniger sei, ob hier Erfahrungsbereiche angesprochen sind, die unsere Alltagserfahrung ausweiten oder eingrenzen? Ist die Psychose eine Art »Bewußtseinserweiterung«, wo man Welten und Wirklichkeiten kennenlernen kann, die unserer Alltagserfahrung verschlossen sind?

Mir geht es hier nicht darum, psychotisch Kranke als die großen Weisen und Heiligen hochzustilisieren, da ich weiß, daß viele von ihnen sehr unter ihren Erlebnissen leiden. Aber ich möchte diese Erfahrungen auch nicht als unsinnig abtun, da einige dies durchaus im Sinne einer Bewußtseinserweiterung oder einer religiösen Erfahrung erleben.

Wahn als Spiegel

Die den Träumen so ähnlichen Halluzinationen und Wahnerlebnisse gehören dem allgemeinen Verständnis nach nicht zu unserer Welterfahrung und werden als krankhaft angesehen, obwohl viele Menschen solche Erlebnisse haben, die man nicht als krank bezeichnen würde. In manchen Kulturen werden Mittel eingenommen, um solche psychotischen Zustände hervorzurufen. Dies ist traditionell in religiöse Zeremonien und Riten eingebettet, was äußere Grenzen und Strukturen aufbaut, die das Erleben von inneren halluzinatorischen Erlebnissen ermöglicht, ohne krank zu werden.

Man könnte fragen, ob die Wahnwelt sozusagen die Rückseite unserer Alltagswelt ist. Drückt der Wahn, ähnlich wie der Traum, unsere Alltagserfahrungen in Symbolen und Bildern aus? Wenn man sich auf die innere und eigentümliche Logik der Wahnwellen einläßt, werden vielfältige Beziehungen zu unserem Alltag sichtbar. Wenn wir umgekehrt unseren Alltag betrachten, wird deutlich, wieviel Wahnsinn und Verrücktes geschieht, was unserem logischen Denken und unseren Erwartungen zuwider läuft. Ist der Wahn der Psychosekranken der Spiegel des Wahns der Alltagswelt? Können wir im Erleben der Psychosekranken den alltäglichen Wahnsinn wiederfinden? Das hieße aber auch, daß die Psychosekranken in sich selber die ganze verrückte äußere Welt als ihre eigene innere Welt erleben. Umgekehrt gefragt: Könnte die äußere Welt unsere innere Welt spiegeln?

Dies wirft vielfältige Fragen nach der Funktion unseres »psychischen Apparates« auf, nach dem Herkommen und der Funktion von Vernunft bzw. ob das, was wir als Vernunft bezeichnen, immer so vernünftig ist. FREUD sagt »Wo Es ist, wird ich« und meint damit, daß in der Sublimierung die wilden und ungezügelten Bedürfnisse des Unbewußten aufgeschoben werden und dann in einem vernünftigen Rahmen befriedigt werden können. Vielleicht kann man das Verhältnis von Innen und Außen, von Psyche und Welt aber auch anders beschreiben: Was wäre, wenn die Ich-Produktion in der Außenwelt nicht eine vernünftige aufgeschobene Bedürfnisbefriedigung des Unterbewußten ist, sondern das ES sich quasi durch Vermittlung des ICH nach außen stülpt und sich die Befriedigung seiner Bedürfnisse sucht? Die Außenwelt wäre dann das sich materialisierende Unbewußte. Und was bedeutet es, wenn diese Befriedigung nicht gelingt und die ungezügelten ES-Bedürfnisse sich im Wiederholungszwang inflationär ausbreiten?

Vielleicht wird an diesen Fragen deutlich, wie viele Implikationen über unsere Welt in den gängigen psychotherapeutischen Modellen und Annahmen stecken, die gerade in der Beschäftigung mit Psychose in Frage gestellt werden sollten.

Chancen der Begegnung

In der psychiatrischen Praxis wird leider oft nur nach dem Vorhandensein von psychotischen Erlebnissen gefragt, aber nicht nach deren *Inhalten*. Die Frage nach den Inhalten des psychotischen Erlebens scheint mir der erste und wichtigste Schritt in der psychotherapeutischen Begegnung mit einem Psychosekranken zu sein. In der Gruppe und im Einzelgespräch ist es wichtig, eine Möglichkeit herzustellen, diese oft sehr peinlichen, sehr bedrückenden, angstmachenden und fremdartigen Erlebnisse äußern zu können. Es ist wichtig und erleichternd, wenn jemand erzählen kann, wie er sich für Gott gehalten hat und dabei höchste Glücks- und Allmachtsgefühle hatte, daß er Minuten später aber im Angesicht des Teufels stand und vor lauter Angst keine Ecke mehr fand, in der er sich verstecken konnte. Häufig ist es noch schwieriger, darüber zu sprechen, wie jemand seinen Arm nicht mehr für seinen eigenen Arm gehalten hat bzw. die Grenzen zwischen den Personen sich verwischt haben, wie jemand sich für den anderen hält oder sich selbst neben sich stehend erlebt.

Wenn ich als Therapeut hierfür Raum gebe, dann ist dieser Raum besonders auch mein eigener Körper und mein eigenes Selbst. Wenn mit dies erzählt wird, muß ich mich selbst soweit öffnen, daß der Patient diese Inhalte abgeben kann und ich sie aufnehmen kann. Es ist dabei völlig ausreichend, dieses »psychotische Material« durch mich hindurchgehen zu lassen und damit dem Patienten die Gelegenheit zu der Erfahrung zu geben, daß diese Erlebnisse mit einem anderen Menschen teilbar sind und damit sozusagen die Alltagswelt erreichen können. Indem ich mich als Raum für psychotisches Material anbiete, werden auch mein Raum, mein Körper, mein Inneres, mein Denken, ja mein Selbst zeitweise psychotisiert. Das heißt, es gelten die »Raumgesetze der Psychose«, die mit verschiedenen Arten von Entgrenzung einhergehen. Wir Psychiater betonen die dabei auftretenden Ängste und vergessen, daß häufig auch höchste Glücksgefühle von den Patienten erlebt werden.

Psychosekranke scheinen Menschen zu sein, die gewissermaßen einer Ansteckung ausgeliefert sind und nicht die Möglichkeit haben, das Geschehen von einer höheren Warte zu betrachten. Als Gesunder habe ich die Möglichkeit, diese Ansteckung zuzulassen, sie zu betrachten und auch wieder abzugeben. Anders ausgedrückt: Ich kann mich in den psychotischen Raum hineinbegeben und auch wieder hinausgehen, ein Hin und Her und ein Übergang, den der Psychosekranke nicht vollziehen kann. Das heißt weiter, ich habe Material zu Händen bzw. handhabbar. Voraussetzung hierfür ist, daß ich dies im oben beschriebenen Sinne zulassen kann und mir klar wird, daß psychotisches Erleben zum Alltag gehört und eine besondere Art von Wirklichkeitserfahrung ist. BENEDETTI spricht hier von »*Dualisierung*«. Der Verlust der Unterscheidung zwischen Ich und Du, der sich im Einssein ausdrückt, wird durch die Wiedereinführung des Unterschieds zwischen Subjekt und Objekt aufgehoben.

Um diesen Weg gemeinsam beschreiten zu können, muß ich als Therapeut bereit sein, das psychotische Erleben anzunehmen. BENEDETTI sagt: »Die affektive Besetzung, die ich meine, ist in erster Linie eine Positivierung des psychotischen Erlebens… Wir werden zu Brücken, zu Übergangssubjekten zwischen dem abgespaltenen Unbewußten und dem abgespaltenen Ich.« (BENEDETTI 1992, S. 39). In diesem psychotherapeutischen Prozeß entstehen Verschmelzungen und Überschneidungen zwischen Patient und Therapeut im gemeinsamen Unbewußten, in die dann ganz allmählich wieder Unterscheidungen eingeführt werden können, wodurch getrennte Subjekte und Objekte neu entstehen.

Wenn die psychotischen Erfahrungen des Patienten in diesem Durchgang durch das Selbst des Therapeuten und durch sein Unbewußtes wieder Eingang in die gemeinsame Wirklichkeit finden können, ist der erste und vielleicht wichtigste Schritt getan. Er kann dazu verhelfen, aus der Isolation der »Eigenweltlichkeit« herauszukommen, was häufig erleichternd sein dürfte. Dies kann aber auch heißen, daß der Patient aus dem Gefühl, mit allem eins zu sein, herausfällt, was einer Kränkung gleichkommen kann. Diese Auseinandersetzung ist als ein Prozeß zu sehen, in dem die psychotischen Erlebnisweisen nicht völlig verschwinden und Ambivalenzen lange bestehen bleiben.

Vielleicht ist das Ziel nicht, die Psychose zum Verschwinden zu bringen, sondern möglicherweise geht es darum, die Psychose in unsere Welt zu integrieren, ja sogar »normale Räume für die Psychose« zu suchen, um der Psychose ihren Raum und ihre Zeit zu geben. Dies kann sich vollziehen durch künstlerische Tätigkeit, durch den regelmäßigen Besuch von Gruppen oder Psychotherapiestunden, in Selbsthilfegruppen, durch Medikamenteneinnahme, durch Musikhören, in religiösen Erfahrungen oder oder… Manchmal ist es wichtig und hilfreich, die Patienten zu ermuntern, durchaus auch Verrücktes zu tun und nicht immer nur mit Rücksicht auf die drohende Psychose vorsichtig zu sein. Das soll nicht heißen, die Psychose außer acht zu lassen, sondern sie anzunehmen und ins Leben hineinzunehmen. Dies ist bei allen Beteiligten mit vielen Ängsten verbunden. Wenn diese Ängste aushaltbar werden und nicht an die Seite geschoben werden müssen, wird der beschriebene Prozeß möglich, und die Psychose kann ihre Bedrohlichkeit verlieren.

Danach können Wahninhalte verstanden werden und gegebenenfalls auch interpretiert und gedeutet werden. Wenn dadurch eine weitere Verknüpfung und Verankerung der Psychose im Alltag möglich wird, kann dies hilfreich sein. Die Betonung möchte ich aber darauf legen, daß das psychotische Material angenommen, teilbar und kommunizierbar wird und damit in einen zwischenmenschlichen Bereich transportiert wird. Indem die Wahninhalte dadurch handhabbar werden, werden sie zu einem Objekt, mit dem man nach eigenem Urteil umgehen kann. Möglicherweise muß man sich damit begnügen, die Psychose in einem zirkulären Prozeß zu belassen, an den ich mich aber annähern kann. Ob und wie ein Ausgang aus diesem Kreislauf möglich ist, bleibt offen. Es erscheint allerdings möglich, diesen Raum zu betreten und wieder zu verlassen.

Diesen Weg begleiten viele Hoffnungen und viele Enttäuschungen. Die Hoffnung, daß Therapeut und Patient sich am selben Ort befinden, wird enttäuscht werden, da der Therapeut am zeitlosen Nicht-Ort der tiefen-psychotischen Ambivalenz nicht mehr handlungsfähig wäre. Die Einladung zum symbiotischen Tanz in die Welt des mit allem Einsseins, des »ozeanischen Gefühls« einzutreten und gleichzeitig die Angst vor der völligen Isoliertheit, vor dem Verschwinden zu erleben, wird vom Therapeuten angenommen. Seine Aufgabe ist es, diesen symbiotischen Tanz allmählich im gemeinsamen Unbewußten und über das Übergangssubjekt in einen Tanz zwischen Ich und Du, zwischen Subjekt und Objekt zu überführen, indem er Unterschiede wieder einführt. Wie die gewonnene Wahlfreiheit zwischen den verschiedenen Wirklichkeiten genutzt wird, soll offen bleiben bis hin zu der Entscheidung, an den zeitlosen Nicht-Ort zeitweilig zurückzukehren.

Selbsterfahrung ohne Selbst

Dabei wird deutlich, wie sehr psychotisches Erleben und die therapeutische Beziehung zu Psychosekranken an die Substanz gehen und alle Beteiligten im Innersten des Selbst berühren. Psychosetherapie ist in gewissem Sinne für beide »Selbsterfahrung ohne Selbst«, da sich das Selbst zeitweise in der Erfahrung seiner selbst auflöst bzw. an den zeitlosen Nicht-Ort der Unterschiedslosigkeit tritt. Für den Therapeuten ist damit aber nicht wie für den Kranken die Auflösung der ganzen Person verbunden. Es wird also möglich, bestimmte gewohnte Strukturen sich auflösen zu lassen, ohne daß das Funktionieren des In-der-Welt-Seins aufhören muß.

Die beschriebenen Erfahrungen haben auch mich und mein Selbst verändert. Ich frage mich, ob die Erfahrung der Selbstauflösung nicht die Erfahrung eines sowieso bestehenden Zustandes ist, nämlich das Erkennen der absoluten inneren Leere, wie sie von indischen Philosophen als die höchste Erkenntnis beschrieben wird. KRISHNAMURTI verbindet dies mit Sterben und sagt: »Wo der Tod ist, entsteht etwas völlig Neues. Freiheit von dem Bekannten ist Tod, und dann leben Sie wirklich.« (KRISHNAMURTI S. 69)

Möglicherweise kann die Erfahrung der Irrealität uns an die Wirklichkeit der Leere annähern. Es sei an dieser Stelle CIORAN zitiert, der sagt: »Feststellen, daß allem die Grundlage fehlt, und nicht ein Ende machen, diese Inkonsequenz ist keine: im äußersten ist die Wahrnehmung der Leere mit der Wahrnehmung des Ganzen gleich, mit dem Eingehen ins Ganze. Man beginnt endlich zu sehen, man tastet nicht mehr ziellos, man beruhigt sich, man erlangt Festigkeit. Wenn es eine Chance des Heils außerhalb des Glaubens gibt, sollte man sie in der Fähigkeit suchen, sich am Kontakt der Irrealität anzureichern.

Und wenn die Erfahrung der Leere nur ein Trug wäre, sie verdiente dennoch, gemacht zu werden. Was diese Erfahrung sich vornimmt, was sie versucht, ist, das Leben und den Tod aufs Nichts zurückzuführen, und das mit dem einzigen Ziel, sie uns erträglich zu machen. Gelingt es ihr manchmal – was mehr können wir wünschen? Ohne sie keine Remedur gegen die Krankheit des Seins, keine Hoffnung; auch nur für kurze Augenblicke die Süße der Ungeborenheit, das Licht des reinen Vorher wieder zu finden.« (CIORAN S. 86 f.)

Die damit verbundenen Hoffnungen machen aber auch große Angst. Wenn diese Angst aushaltbar wird, sind Veränderungen, d. h. die Einführung von Unterschieden und Unterscheidungen möglich. Indem das psychotische Material darüber handhabbar wird, kann man es in die Alltagswelt einbeziehen. In der Bewältigung solcher existentieller Fragen liegt vielleicht die Chance der Psychose für den Patienten und auch für mich als Therapeuten.

Literatur

BACHMANN, Ingeborg: Malina. Frankfurt, Suhrkamp, 1971

BENEDETTI, Gaetano: Todeslandschaften der Seele. Göttingen, 1983

BENEDETTI, Gaetano: Psychotherapie als existentielle Herausforderung. Göttingen, 1992

CIORAN, E. M.: Die verfehlte Schöpfung. Frankfurt, Suhrkamp, 1979

HEINZ, Rudolf; KAMPER, Dietmar; SONNEMANN, Ulrich (Hrsg.): Wahnwelten im Zusammenstoß – Die Psychose als Spiegel der Zeit. Berlin, Akademie Verlag, 1993

KRISHNAMURTI, Jiddu: Einbruch in die Freiheit. Frankfurt, Ullstein, 1990

PESSOA, Fernando: Alberto Caeiro, Hüter der Herden. Zürich, Amman Verlag, 1986

SIMON, F. B.: Unterschiede, die Unterschiede machen. Berlin, Heidelberg, Springer, 1988

VALÉRY, Paul, zitiert nach Zeitschrift für systemische Therapie, Heft 2, Frankfurt, Fischer, 1987, S. 140.

WOLF, Christa: Kein Ort Nirgends. Berlin und Weimar, Aufbau-Verlag, 1979, zitiert nach Sammlung Luchterhand 1981

Alfred Drees

Freie Phantasien
mit Psychose-Erfahrenen

Nach gemeinsamen Diskussionen im Psychose-Seminar möchte ich
auf folgende Frage ausführlicher eingehen: Sollten die Wahninhalte
von Patientinnen und Patienten auf die individuelle Lebensgeschichte hingedeutet werden oder nicht? Zunächst werde ich kurz
auf den gegenwärtigen Stand der Psychosen-Psychotherapie eingehen und dann unsere Methode der »Gespräche mit Phantasien« erläutern.

Psychosen-Therapie

Obwohl inzwischen in fast allen psychiatrischen Kliniken Gruppengespräche und therapeutisch relevante Einzelgespräche und vor
allem musische, körperlich bezogene sowie gestalt- und gestal-
tungsorientierte Therapien auch für schizophrene Patienten angeboten werden, wird noch immer die Möglichkeit und Wirksamkeit
von Psychotherapien bei Psychosen von Ärzten wie von Kranken-
kassen weitgehend unterschätzt. Das liegt zum einen daran, daß
Musische-, Milieu-, Arbeits- und Sozialtherapien in ihrer psychotherapeutischen Bedeutung nur unzureichend gewürdigt werden.
Andererseits werden tiefenpsychologisch orientierte Psychotherapien als für Psychosen nicht anwendbar bis gefährlich bewertet.
Bereits FREUD hatte da seine Schwierigkeiten. Er hielt schizophrene
Patienten für nicht »übertragungsfähig« und damit psychoanalytisch für nicht behandelbar.

In den letzten 40 Jahren hat sich jedoch eine nicht geringe Anzahl
engagierter Psychoanalytiker der Therapie von Psychosen zugewandt. Vereinzelt entstanden Kliniken mit psychoanalytischem Be-
handlungsanspruch. Chestnut lodge in den USA wurde zum Mekka
und Trainingsfeld zahlreicher berühmter Psychose-Therapeutin-

nen. In Frankreich entwickelte sich nach dem Krieg die »psychiatrie institutionelle« in ihrer spezifischen Lacan-Orientierung. So entstanden in allen westeuropäischen Ländern und durch die Vertreibung jüdischer Psychiater und Psychoanalytiker aus Deutschland auch in Südamerika Nischen für Psychose-Therapeuten. Ihr Einfluß auf die Behandlungsrealität in den jeweiligen Ländern war jedoch äußerst gering. Ihre Bedeutung bestand vor allem darin, Arbeitsmethoden erprobt und Hypothesen entwickelt zu haben, mit denen Strukturen und Prozesse psychotischen Erlebens psychodynamisch verstehbar und beeinflußbar wurden. Im deutschen Sprachraum war es vor allem BENEDETTI mit seinen Schülern, der ein neues Psychoseverständnis und Hoffnung in die Psychotherapieszene brachte. Seine Vorstellungen zur »Gegenidentifikation«, mit der er die spezifische Übertragungsform psychotischer Patienten mit ihren Therapeuten zu beschreiben suchte und indem er unter anderem dem Therapeuten nahelegte, sich miterlebend »spalten« und »psychotisieren« zu lassen, öffneten Therapieblockaden und Motivationsspeicher. Die in Neurosen-Therapien entwickelte Widerstands- und Übertragungsarbeit stand hierbei nicht mehr im Vordergrund. Auch die unheilvolle Verteufelung sogenannter »schizophrener Mütter« konnte zurückgedrängt werden. Die Begrenzung der von BENEDETTI in mehreren Büchern ausführlich dargestellten Arbeitsmethode liegt in der Behandlungsdauer von mehreren Jahren, in der Auswahl motivierter Patienten sowie vor allem auch in dem Anspruch psychoanalytisch hochqualifizierter und motivierter Therapeuten. Damit gewann auch BENEDETTIS Behandlungsorientierung vor allem die Funktion, schöpferische Offenheit und Experimentierfreude in der Arbeit mit psychotischen Patienten in psychiatrischen Kliniken anregen zu helfen.

Gespräche mit Phantasien

Anknüpfend an BENEDETTIS Vorstellungen konnten wir in den letzten Jahren in Duisburg-Rheinhausen eine Arbeitsmethode entwickeln, die uns erlaubt, empathisch und phantasievoll-spielerisch zugleich mit dem psychotischen Erleben eines Patienten umzugehen.

Die wichtigsten Regeln dieser Methode sind: Kein rationales Nachfragen, Hinterfragen oder Deuten, keine Ratschläge und keine gerichteten Gefühle für oder gegen jemanden, keine Gruppendynamik. An Stelle dessen: Freisetzen sinnlicher Gefühle in Form eigener Gestimmtheit und Befindlichkeit, verbunden mit dem Versuch, die sinnlichen Gefühle in Phantasien und Einfälle zu transferieren.

Damit ließ sich BENEDETTIS zum Teil heroische Einzelkämpfer-orientierung auf eine breitere Behandlungsebene bringen. Mitarbeiter aller Berufsgruppen gewannen in spezifischen Einzel- und Gruppengesprächen aktive und auch anleitende Mitbeteiligungsmöglichkeiten. Gleichzeitig werden auf diese Weise eine größere Anzahl psychotischer Patienten schon im akuten Krankheitsstadium psychotherapeutisch erreicht. Diese Neuorientierung, die inzwischen »Gespräche mit Phantasien« genannt wird, sollte auf dem Hintergrund des Klinikalltags verstanden werden. Dieser ist durch eine Versorgungsverpflichtung für einen Duisburger Stadtteil und durch gemischte offene Stationen mit vielfältigem Angebot geprägt.

Beispiel

Ich möchte ein Kurzgespräch mit freien Phantasien vorstellen, in dem die sinnliche Einfühlung des Therapeuten in einen akut psychotisch erkrankten Patienten und sein Phantasieeinfall das Gespräch eröffnen helfen:

Ein schizophrener jugendlicher Patient kommt erneut in einem akut psychotischem Zustand mit angstvoll-autistischer Abwehr zur Aufnahme. Der Therapeut kann im Erstgespräch den starren Blick des Patienten schwer aushalten. Er fühlt sich dabei unsicher, wie schwimmend oder schwebend, ohne Halt. Er assoziiert schließlich einen Scheibenwischer, der wie wild gegen die Regenmasse auf der Frontscheibe seines Autos ankämpft. Der Therapeut setzt dieses Bild sofort in ein Gesprächsangebot an den Patienten um und sagt: »Also, eigenartig, ich habe das Gefühl, wir zwei sitzen in einem Auto. Das Auto steht zwar sicher, aber die aufblitzenden Lichter des Gegenverkehrs wirken beängstigend.« Nach dieser Schilderung entkrampft sich der Blick und die Haltung des Patienten. Er fragt erstaunt, woher wissen Sie, daß ich eine Autosammlung habe? Er beginnt dann stockend zu erzählen, daß er viele Autos und Autobilder im Wohnheim in seinem Zimmer habe. Er habe Angst um sein Kaninchen, das er im Garten halte. Er wolle gern im Zoo oder im

Zirkus Tierwärter werden, am liebsten für Löwen. Die Stimmung wird wärmend vertrauensvoll. Die Kommunikation ist hier über das sinnlich resonant einfühlende Erleben des Therapeuten und seinen Phantasieeinfall möglich geworden.

Gefühlsblockaden aufheben

Voraussetzung für die stimmungsbewegende Funktion von Phantasien ist, daß diese sich im Gespräch frei entfalten können, ohne daß ihre Inhalte in ihrem symbolischen Wert auf intrapsychische Strukturen und Konflikte bzw. auf problematische Arzt-Patienten-Beziehungen reduziert werden. Wir nennen diese vagabundierenden stimmungsbewegenden Phantasien deshalb freie Phantasien. Die Transformation konfliktbezogener gerichteter interaktioneller Gefühle in sinnlich-stimmungsbezogene Gefühle erleichtert die Entwicklung von freien Phantasien, mit denen dann beziehungsübergreifende ganzheitliche, humorvolle, musische und sinnsuchende, insgesamt sinnlich-gestimmte Kommunikationsprozesse möglich werden.

Beziehungskonflikte nicht im Zentrum

In therapeutischen Gesprächen bietet die Arbeit mit freien Phantasien dem Patienten die Möglichkeit, seine Befindlichkeit und Gestimmtheit wahrzunehmen und über die Ausgestaltung eines entsprechenden Phantasieeinfalls aktiv seine Konflikt-, Symptom- und Beziehungsfixierungen zu umschiffen, zu lösen und zu transformieren. Der Therapeut gewinnt hierbei die Möglichkeit, sich intuitiv auf den Patienten einzustellen und das Gespräch partnerschaftlich zu gestalten, vor allem dann, wenn er seine eigene Befindlichkeit in das Gespräch einbringt. Er eröffnet damit dem Patienten sinnlich-resonante ganzheitliche subjekt- und beziehungsübergreifende Erlebensbereiche, die in ihrer regressiven Ausformung von WINNICOTT als Übergangsräume beschrieben wurden, die wir jedoch in ihrer reifen Form als kulturell-schöpferische Prozesse verstehen lernten. Patient und Therapeut eröffnen sich in dieser Gesprächsform ganzheitliche Erlebens- und Begegnungsfelder über ihr wechselseitiges intuitives Verstehen und Verstandenwordensein.

Die Fokussierung eines Gesprächs auf Stimmungen und Stimmungsveränderungen mit Hilfe freier Phantasien beinhaltet eine Defokussierung von Konflikt- und Konfliktlösungsstrategien. Damit lassen sich Patienten sprachlich erreichen, die bis dahin weitgehend blockiert bzw. nur musisch-averbal ansprechbar waren, bei denen Beziehungskonflikte nicht die primäre Ursache ihres Leidens darstellen bzw. nicht das Zentrum der Bearbeitungsmöglichkeiten. Hierzu zählen vor allem Krebskranke und Sterbende, psychotische Patienten und Gewaltopfer. Ich mußte lernen, daß die Übertragungsbeziehung zu einem Patienten mit einer Psychose, einer schweren Traumfixierung oder Todesängsten häufig die einzige Brücke bildet zwischen ihm und mir. Darunter lauerte Abgrund, Angst und Beziehungsabbruch. Ich durfte die Übertragungsbeziehung – diese letzte Brücke zwischen uns – nicht in Frage stellen und nicht an ihr arbeiten, wie mir das aus Therapien mit neurotischen Beziehungskonflikten und Wiederholungszwängen vertraut war. Das beinhaltet, daß auch in Gruppen die Aufarbeitung gewohnter psychosomatischer Prozesse durch die Ermöglichung und Gestaltung sinnlicher Erlebensprozesse abgelöst werden muß.

Wahninhalte oder Wahnstimmung

Zurück zum psychotischen Erleben: In der Behandlung psychotischer Patienten war mir vertraut, daß Deutungen der Wahninhalte als familiale Beziehungsmusterstörungen in der Regel zu Mißverständnissen und nicht selten zur Symptomverschlimmerung und zum Beziehungsabbruch führten. In BENEDETTIS Worten:

»Wenn wir dem psychotischen Patienten den uns auffallenden Sinn eines Sinnbildes deuten, so versteht er uns nicht. Es beleidigt ihn sogar, daß wir hinter dem, was für ihn die letzte Möglichkeit ist, etwas suchen und zu finden uns anmaßen, was in seinen Augen im Vergleich zu jener ungeheuren Wirklichkeit ein lächerlicher Einfall ist...«

Es ergeben sich jedoch ungeahnte therapeutische Möglichkeiten, wenn wir uns auf die Wahnstimmung eines Patienten einlassen, auf sein inneres Aufgewühltsein, seine zerrissen-chaotisch-angstvolle Befindlichkeit, auf seine ausgebrannt-kalte beziehungsleere Distanzempfindung. Nachdem wir gelernt hatten, sinnlich resonant gemeinsam mit dem Patienten die Möglichkeit, seine Wahnkonstrukte als kreative Ausformung innerlicher Gestimmtheit und Befindlichkeit zu verstehen und sie in therapeutischen Stimmungsprozessen zu bewegen. Diese Stimmungsorientierung ermöglichte ein therapeutisches Arbeitsklima, in dem Verblüffung und Neugier, spielerisches Bewegtsein und kreative Offenheit sich entwickeln können. Die Squibble-Game-Technik WINNICOTTS, sowie die Pauspapier-Zeichnungen BENEDETTIS, mit denen gemeinsam von Patient und Therapeut deutungsfreie kreative Gestaltungsprozesse ermöglicht werden, entspricht dieser Arbeitsorientierung.

Regeln in der Arbeit mit Phantasien bei psychotischen Patienten

Ich möchte nachfolgend idealtypisch einige Grundeinstellungen skizzieren, mit denen therapeutische Gespräche mit freien Phantasien sich ermöglichen lassen:

1. Basis der Gespräche bleibt die empathisch getragene, haltgebende und bestätigende Akzeptanz des Patienten durch den Therapeuten. Psychotische Patienten bedürfen weit mehr als neurotische Patienten einer Beziehungskontinuität zu ihrem Therapeuten.
2. Symptome, Einstellungen und vor allem auch Wahnvorstellungen und bizarre Verhaltensweisen psychotischer Patienten sollten vom Therapeuten mit Interesse, wärmender Neugier, mit Humor und zum Teil auch mit nichtverletzender Ironie angenommen und gespiegelt werden. Sie sollten in diesem Setting nicht als Ausdruck spezifischer Beziehungsstörungen gedeutet werden.
3. Das Gespräch sollte von Beginn an die sinnlichen Gefühle von Patient und Therapeut mobilisieren helfen. Diese Einstellung, die sich als freischwebende Aufmerksamkeit auf die jeweils eigene Befindlichkeit und Gestimmtheit beschreiben läßt, als intuitives Offensein, ist Kernstück in den Gesprächen mit freien Phantasien. In akut-psychotischen Zuständen kann das Gespräch häufig erst dann in Gang kommen, wenn der Therapeut seine eigene Befindlichkeit und seine Phantasieeinfälle voranstellt.
4. Der Therapeut sollte sich und seinen Patienten motivieren, die Einfälle und Phantasien, die als Transformationen sinnlicher Gefühle verstanden werden, detailliert bildsprachlich ins Gespräch zu bringen. Hierbei haben die genaue Beschreibung von Farben,

Strukturen, Kontraste und Hintergrund sowie die Stimmungs-qualität eines Bildes die Funktion, die vorherrschende Stimmung in einem Bild soweit auszuformen, daß diese aufgezehrt wird und dabei ihre fixierende, magische Macht verliert. Gleichzeitig eröff-net sie damit einer nachfolgenden Stimmung Entfaltungsräume. Wichtig ist hierbei zu vermitteln, daß ein Bildeinfall in der Regel nicht komplett fertig wie ein Foto vor dem inneren Auge entsteht, sondern daß es schrittweise erarbeitet werden muß, vergleichbar den Gestaltungsprozessen eines Künstlers.

5. Beeindruckend ist, in welchem Ausmaß die Stimme der Teilneh-mer, besonders wenn sie im Kontrast zu den inhaltlichen Darle-gungen steht, Befindlichkeit und Gestimmtheit transportiert und wie die in ihr aufgehobenen beziehungsübergreifenden Aspekte sich dann in den freien Phantasien Ausdruck suchen. Das ist uns aus der Rhetorik sowie aus künstlerischen Darbietungen vertraut. Auch Politik und Reklameindustrie nutzen dieses Wissen. In Psychotherapien wird diese Dimension jedoch noch zu wenig wahrgenommen und erforscht.

6. Die Anzahl unterschiedlicher Stimmungsbilder ist abhängig von der Anzahl der Gesprächsteilnehmer sowie von der Häufigkeit des Oszillierens zwischen Gesprächsinhalten und sinnlichem Ge-fühlserleben. Im Unterschied zu meditativen und psychodynami-schen Gruppenprozessen wird in therapeutischen Gesprächen mit freien Phantasien weder eine harmonisierende Gruppenstim-mung noch eine gruppendynamische Konsenssuche angestrebt. Die Vielfalt der Phantasieeinfälle wird bewußt in ihren jeweils eigenen Farben belassen. Wir nennen deshalb Gruppengespräche mit freien Phantasien prismatisch. Wir sehen in der Prozessierung von Stimmungen ihre wichtigste Funktion. In den prismatischen Gruppenstunden hat sich immer wieder gezeigt, daß die ablau-fenden Stimmungsphasen in einem Gruppenprozeß nicht selten Lebensereignisse eines Patienten zugeordnet werden können, die für ihn über Stimmungen erinnerbar werden. Damit gewinnen Stimmungsbilder im sinnlich-empathischen Austausch mit The-rapeuten und Mitpatienten eine lebensgeschichtlich erhellende Funktion.

Zusammenfassung

Psychotherapeutische Gespräche mit freien Phantasien ermöglichen in der Arbeit mit psychosekranken Patienten sowie mit psychoseerfahrenen ehemaligen stationären Patienten eine neue Bewertung ihres Wahnerlebens. Die Wahninhalte lassen sich ebenso wie die im Hier und Jetzt entstandenen Phantasien als kreative Ausformung sinnlicher Erlebensprozesse spielerischer bewegen. Damit läßt sich die inhaltsorientierte verstehend-deutende Einengung auf familiäre Beziehungskonflikte bzw. -fixierungen vermeiden. Der Wahn findet sich akzeptiert und in einem kreativ-künstlerischen Raum aufgehoben.

Entscheidend für diese Neuorientierung ist die Zentrierung des Gesprächs auf die Gestimmtheit und Befindlichkeit der Gesprächsteilnehmer. Hiermit läßt sich eine Kommunikationsform ausfalten, mit der Gesprächsblockaden sich auflösen lassen und in der analysierend-deutende Suchbewegungen zurücktreten können. Ebenfalls lassen sich hiermit gesprächsblockierende gerichtete Beziehungsgefühle neutralisieren bzw. transformieren. Freie Phantasien haben in dieses Gesprächen die Funktion, der jeweiligen Stimmung und Befindlichkeit der einzelnen Gesprächsteilnehmer Form und Gestalt zu geben und in ihrer spezifischen Qualität beziehungsübergreifende gesellschaftlich-kulturelle Begegnungsfelder den Gesprächsteilnehmer zu öffnen. Die sinnlich-stimmungsorientierte Kommunikationsform ermöglicht intuitive Einfühlungsprozesse zwischen Patienten und Therapeut. Psychotische Patienten gewinnen hiermit ein verbreitertes Beziehungsangebot. Ihr Wahnerleben wird als kreative Ausformung innerer Spannungen verstanden. Die Aufarbeitung spezifischer Beziehungsstörungen psychotischer Patienten läßt sich nach dem Erreichen dieser verbreiterten sinnlich getragenen Vertrauensbasis angstfreier angehen. In psychiatrischen Kliniken können auf dieser Basis die unterschiedlichen psychotherapeutischen Angebote von psychotischen Patienten leichter angenommen werden.

Eva-Maria Biermann-Ratjen

Hilfe oder Risiko

Psychotherapie bei Psychosen

Psychotherapie ist die Behandlung von Störungen der *Erlebnisverarbeitung*. In einer Psychotherapie werden nicht nur schwer zu verarbeitende Erlebnisse oder Erfahrungen, die z. B. in eine Krise geführt haben, bearbeitet, oder Störungen des Verhaltens, Denkens und Fühlens, sondern vor allem Störungen oder Krisen des Erlebnisverarbeitungsprozesses.

Innere Ordnung

Alle Psychotherapietheorien gehen in der einen oder anderen Art und Weise davon aus, daß menschliches Verhalten, Denken und Fühlen – und so auch das gestörte Verhalten, Denken und Fühlen – ganz wesentlich mitbestimmt werden durch persönliche Vorstellungen über das Wesen der eigenen Person, anderer Menschen, der Welt im allgemeinen und im besonderen und vor allem der Beziehungen der eigenen Person zu sich selbst und zur Mit- und Umwelt. D. h. konkret: Jeder Mensch hat seine Vorstellungen darüber, wer er ist, was er ist, wie er ist; wie er dementsprechend von anderen gesehen wird bzw. was er von sich selbst und von anderen zu erwarten hat, und was und wie die Realität Wirklichkeit des eigenen Selbst ist und nicht ist. Und wenn Menschen sich als seelisch gestört bezeichnen, dann meinen sie, daß das, was sie denken, fühlen und tun, nicht zu ihnen paßt, daß sie es nicht verstehen und/oder nicht akzeptieren können.

Alle Psychotherapietheorien gehen in der einen oder anderen Weise auch davon aus, daß diesen Vorstellungen von sich selbst reale Erfahrungen zugrunde liegen, die in eine eigene innere Ordnung gebracht worden sind. Und alle Psychotherapietheorien gehen davon aus, daß diese innere Ordnung verteidigt wird als eine Reali-

155

tät, die mindestens ebenso wichtig ist wie die sogenannte wirkliche Wirklichkeit.

Kognitive und andere Verhaltenstherapeuten sprechen z. B. von affektiven und kognitiven Schemata, wenn sie diese innere Ordnung meinen, Psychoanalytiker sprechen von einer Identität, Persönlichkeits- und Abwehrstruktur, Gesprächspsychotherapeuten von einem Selbstbild.

Alle drei Begriffe – Schemata, Persönlichkeitsstruktur, Selbstbild – sollten folgendes Phänomen bezeichnen: Menschen nehmen ihr eigenes Erleben so wahr, daß die eigene innere Ordnung nicht in Frage gestellt wird und daß Wahrnehmungen bzw. Erfahrungen, die die innere Ordnung in Frage stellen würden, »abgewehrt« werden. Entweder werden solche Erfahrungen gar nicht gemacht oder sie werden in einer Art und Weise *bearbeitet*, z. B. verzerrt, daß sie zum Selbstbild passen.

Den Erfahrungen mit den ersten Bindungs- oder Beziehungspersonen wird in den verschiedenen psychotherapietheoretischen Überlegungen unterschiedlich große, aber allgemein zunehmende Bedeutung für die Entwicklung der inneren Ordnung zugesprochen.

Als besonders relevante Bausteine für ihre Entwicklung gelten Erfahrungen, in denen sich eine Person z. B. tröstend zugewendet und in der einen oder anderen Art zum Ausdruck gebracht hat: »Ich bin ja bei dir, es ist alles in Ordnung, es wird alles wieder gut.« Aus solchen Beziehungserfahrungen entstehen die inneren Bilder und mit ihnen die Vorstellungen davon, was vom Leben zu erwarten ist: von der eigenen Person, von anderen Menschen, von der Welt überhaupt. Es entstehen aus solchen Beziehungserfahrungen aber vor allem die Vorstellungen davon, wie mit Erfahrungen umzugehen ist: Erfahrungen wollen verstanden werden. Der Wunsch, verstanden zu werden, soll in Ordnung sein. Und das Verstandenwerden soll gut tun.

Das gilt auch für die Selbsterfahrung: Jeder Mensch will sich selbst in dem, was er erlebt, verstehen können, akzeptieren können. Und jeder Mensch will das, was er bei sich selbst versteht, in Ordnung finden können. Wenn ich z. B. ängstlich bin, will ich wissen, wovor ich mich fürchte. Ich will, daß meine Angst der Bedrohung, aus der sie entsteht, angemessen ist. Und ich will mich z. B. nicht feige oder ehrgeizig nennen müssen, wenn mir das, wovor ich mich fürchte, klar wird.

Sobald sich dieser Komplex von Vorstellungen vom Selbst und den Selbsterfahrungen entwickelt und eine Struktur gewonnen hat, beurteilt eine Person ihre Erfahrung selbst im Hinblick darauf, ob es in Ordnung ist, in dieser Erfahrung verstanden zu werden bzw. sich selbst zu verstehen. Diese Beurteilung kann eine Person natürlich nur auf der Grundlage früherer Erfahrungen mit anderen Menschen bei ähnlichen Wünschen, verstanden zu werden, vornehmen. Sie passiert zunächst unbewußt. Hat sie zum Ergebnis, daß die Erfahrung die innere Ordnung in Frage stellen würde, daß also hier eine Erfahrung gemacht werden soll, die nicht zu verstehen ist, deren mit ihr verbundener Wunsch nach Verstandenwerden nicht in Ordnung ist und deren Verstandenwerden nicht gut täte, dann wird diese Erfahrung, wie oben erwähnt, abgewehrt, d. h. dem Bewußtsein vorenthalten, oder in einer Art und Weise verzerrt, daß ihr Bewußtwerden die innere Ordnung nicht in Frage stellt.

Funktioniert die innere Abwehr nicht, wird die Erfahrung bewußt, dann versteht die Person sich in dieser Erfahrung nicht und/oder akzeptiert sich in ihr nicht und erlebt sie als ihrer Selbstkontrolle entzogen. Die Person erlebt sich dann als gestört.

Als durch und durch psychisch gesund sehen Psychotherapietheoretiker einen Menschen dann an, wenn er alle Wahrnehmungen und Erfahrungen, die er macht, einfach machen kann, nichts abwehren oder verzerren muß, sich in seinem ganzen Erleben verstehen und akzeptieren kann und dabei das Gefühl hat, sich selbst kontrollieren zu können. So eine Person gibt es natürlich nur in der Theorie.

Störungen des Verhaltens, Denkens und Fühlens bezeichnen Psychotherapeuten dann als Ausdruck einer *seelischen* Erkrankung, wenn sie Hinweise darauf enthalten, daß bei ihrem Zustandekommen diese innere Ordnung eine Rolle spielt, die darüber wacht, was eine Person als ihr eigenes und als zu ihr passendes Erleben ansieht und was nicht, und die nicht passendes Erleben abzuwehren oder umzuwandeln, passend zu machen versteht. Dieser Definition von psychischem Kranksein entsprechend strebt Psychotherapie nicht unmittelbar die Beseitigung gestörten Verhaltens, Denkens und Fühlens an, sondern die Veränderung der die Erfahrung bearbeitenden inneren Ordnung.

Die Frage ist nun, wie kommt diese Veränderung zustande.

Das große Verdienst von FREUD ist seine Entdeckung, daß sich in der Psychotherapie ein Phänomen entwickelt, das er *Übertragung* genannt hat. Der Patient sieht sehr bald in seinem Therapeuten nicht mehr den realen Herrn Müller oder die reale Frau Becker, die diese sind, sondern eine Person, die eine wichtige Rolle bei der Entwicklung seines Selbst- und Weltbildes gespielt hat. An dem, was sich der Patient von seinem Therapeuten wünscht, was er fürchtet, was dieser denken, fühlen und tun könnte, vor allem aber an dem, was der Patient denkt, wie sein Therapeut ihn sieht und beurteilt, können Patient und Therapeut sehen und erleben, was für ein Selbst- und Weltbild der Patient hat und was er diesem entsprechend vom eigenen Erleben bewußt werden lassen, verstehen und akzeptieren kann und was nicht; und wie er mit dem nicht in die innere Ordnung passenden Erleben umgeht, damit es paßt. ROGERS kommt das große Verdienst zu, daß er herausgearbeitet hat, welche *Bedingungen* gegeben sein müssen, damit Erfahrungen, die bisher nicht in das Selbst- und Weltbild passen, als unverstehbar und unakzeptierbar beurteilt werden, verstehbar und akzeptierbar werden. Wenn der Therapeut deutlich machen kann, daß er nichts von und für seinen Klienten will, als ihn zu verstehen, und wenn es ihm auch *gelingt*, ihn zu verstehen, und wenn es dem Therapeuten gelingt, den Klienten in dem, was dieser erlebt, nicht zu bewerten, nicht zu beurteilen, nicht zu kritisieren, nicht zu beschuldigen und nicht zu beschämen, dann kann sich der Klient selbst zunehmend in solchen Erfahrungen verstehen und sie auch als seine akzeptieren.

Im Rahmen der Verhaltenstherapie sind Verfahren entwickelt worden, die inneren Selbst- und Weltbilder von Menschen direkt zu verändern.

Psychotherapien durchlaufen in der Regel *Phasen*. SWILDENS, ein holländischer Psychiater, schlägt die Unterscheidung von fünf Phasen vor.

In der *Praemotivationsphase* geht es zunächst darum, daß der Patient Vertrauen in den Psychotherapeuten und in die Psychotherapie gewinnt. Der Therapeut wird zunächst nicht die Übertragung deuten, zunächst nicht nur versuchen, den Klienten zu verstehen und sein Erleben zu akzeptieren. Er wird dem Klienten darüber hinaus Informationen bezüglich der Therapie geben, er wird verdeutlichen, um was es in der Therapie geht und um was nicht, und wann und wo Therapie stattfindet und wann und wo nicht.

In der *Symptom- oder Syndromphase* geht es darum, die Symptome des Patienten, die gestörten Verhaltens-, Denk- und Empfindungsweisen, so zu besprechen, daß der Patient ein Gefühl dafür bekommt, was diese mit ihm und seinem Selbstbild zu tun haben und mit den Erfahrungen, die als nicht zum Selbstbild passend angesehen werden. Patient und Therapeut erforschen gemeinsam aktiv die innere Welt des Patienten. Wo sie sich nicht direkt zu erkennen gibt, betrachten sie die Übertragung des Patienten auf den Therapeuten, die Wünsche, die der Patient an den Therapeuten hat, die erwarteten, gewünschten oder gefürchteten Beurteilungen des Patienten durch den Therapeuten usf. In dieser Phase muß der Therapeut auch fragen, konfrontieren, bestimmte Probleme in den Mittelpunkt der Betrachtung rücken, vielleicht sogar Aufträge erteilen, daß sich der Patient bestimmten gefürchteten Erfahrungen aussetzt und nicht entzieht, damit er sich selbst besser kennenlernt.

In der *Problem- und Konfliktphase* wendet sich der Patient selbständiger seinen Erfahrungen zu: Er spricht von sich aus über sein Erleben, seine Probleme und Konflikte, über seine Angst vor bestimmten Erfahrungen, darüber, wie er sich selbst beurteilt, sein muß, will, soll. In dieser Phase kann sich der Therapeut weitgehend darauf beschränken, zu verstehen und mitzuteilen, was er verstanden hat und daß er den Klienten, so wie er ist und in dem, was dieser fühlt, annehmen kann.

In der *existentiellen Phase* geht es darum, daß der Patient unterscheidet zwischen dem eigenen Elend und dem allgemeinen, sieht und annehmen lernt, daß Gefühle von Sinnlosigkeit, Leere, Einsamkeit, Trauer, Schuld, ein für allemal verpaßten Gelegenheiten usw. zum menschlichen Leben gehören und nicht unbedingt dafür sprechen, daß man ein besonders kranker, unfähiger, böser, ungeliebter Mensch ist.

In der *Abschiedsphase* geht es speziell um Gefühle der Enttäuschung, Trauer, Zorn, Ohnmacht und Angst vor Einsamkeit, die etwas mit der nahenden Trennung vom Therapeuten zu tun haben, die als Verlassenwerden erlebt werden kann oder als ein Weggeschicktwerden und nicht wie ein selbstbestimmtes Gehenkönnen. In dieser Zeit können Symptome wieder auftreten, die dann als Ausdruck dieses unverstandenen Abschiedsschmerzes verstanden werden müssen ebenso wie z. B. der Wunsch, der Therapeut möge ein Freund werden u. ä.

Zur Besonderheit der Therapie mit Psychosekranken

Psychosekranke haben erlebt und psychosenahen Persönlichkeiten droht zu erleben, daß sie nicht nur ein Selbstbild haben, das bestimmte Erfahrungen nicht zuläßt oder abwehrt, sondern daß ihr Selbstbild zusammenbrechen kann unter dem Druck bestimmter Erfahrungen. Sie haben erlebt, oder ihnen droht zu erleben, daß bestimmte Erfahrungen nicht nur einfach bewußt werden, die Abwehr durchbrechen und dann als unverstanden und unakzeptierbar und unkontrollierbar das bewußte Erleben beherrschen, sondern auch, daß sie dann nicht mehr ausmachen können, ob es eigentlich *ihr eigenes* Erleben, Verhalten, Denken und Fühlen ist, das sie beherrscht; daß sie nicht mehr wissen, was von dem, was sie erleben, real ist und was nicht und was sie von anderen zu erwarten haben und was nicht. Sie haben den Verlust der inneren Ordnung erlebt, das Chaos, oder sie sind bedroht davon, dieses erleben zu müssen: wie sie niemandem mehr glauben können, auch sich selbst nicht, wenn er sagt: »Ich bin ja bei dir, es ist alles in Ordnung, und es wird alles wieder gut«. Der Zusammenbruch der Selbststruktur wird von vielen Psychosekranken wie ein Tod erlebt, und die Angst vor dem Zusammenbruch kann in der Form von Todesangst erlebt werden, mit allen dazugehörenden Gefühlen, und sogar zum Suizid führen als Versuch, das seelische Leben zu retten durch die Aufgabe des körperlichen Lebens.

Da nun Veränderungen durch Psychotherapie nur dadurch entstehen können, daß im Kontakt zwischen Therapeut und Patient Erfahrungen bewußt werden, die die innere Ordnung bisher nicht zulassen konnte, und da sich in psychotherapeutischen Beziehungen eben speziell solche Erfahrungen – in den Übertragungen – entwickeln, die der Patient als nicht in Ordnung ansieht, ist die psychotherapeutische Situation per definitionem eine, in der die Wahrscheinlichkeit, daß das Selbstbild zusammenbricht bzw. der Patient psychotisch wird, erhöht ist. Aus diesem Grund fürchten sich viele Psychotherapeuten davor, Psychosekranke zu behandeln, und viele psychosekranke und psychosenahe Persönlichkeiten lassen sich auf einen psychotherapeutischen Kontakt genau so wenig ein wie auf andere enge zwischenmenschliche Beziehungen. Manche Psychotherapeuten sagen deshalb, daß Psychosekranke nicht übertragungsfähig seien und deshalb auch nicht psychotherapierbar. Eigentlich sollte man sagen: Ihr Selbstkonzept droht unter den Übertragungsgefühlen zusammenzubrechen, und deshalb entwikkeln sie sie gar nicht oder sollten sie vielleicht auch nicht entwickeln. Alle Psychotherapeuten, die psychosenahe und psychosekranke Patienten behandelt haben und für psychotherapierbar halten, betonen:

In deren psychotherapeutischen Behandlungen geht es immer – und nicht nur in der Praemotivationsphase – vorrangig darum, daß der Patient das Vertrauen in den Therapeuten und die Therapie nicht verliert. Es muß immer darum gehen, daß der Therapeut den Patienten vollständig in seinem Erleben versteht, d. h. auch darum, *wie* der Patient sich *mit* seinem Erleben fühlt, und darum, daß der Therapeut dem Klienten das mitteilt, und ihm auch mitteilt, daß er ihn darin akzeptiert – und nicht etwa beurteilt oder ändern oder retten oder sonst was will.

Dabei muß der Therapeut dauernd im Auge behalten, daß die Ängste des Patienten – und die vielen Symptome, in denen diese zum Ausdruck kommen – zu allererst als Ausdruck des drohenden Zusammenbruchs der Selbststruktur zu verstehen sind und allenfalls in einem zweiten Schritt als Ausdruck von andrängenden Erfahrungen, z. B. Wünschen und Affekten, die das Selbstkonzept nicht zulassen kann. Das ist besonders wichtig in der ersten Zeit der Therapie, die von manchen Psychiatern, so von SWILDENS, auch als die Agierphase bezeichnet wird, da in ihr der Patient seine Angst vor dem Zusammenbruch auch in der Form zum Ausdruck bringen kann, daß er den Therapeuten in seine Symptombildung einbezieht. Der Therapeut hat das zu sehen, zu verstehen und zu akzeptieren – aber nicht zu sagen. Es hilft dem Patienten nicht, wenn der Therapeut sagt: »Du hast ja nur Angst vor dem Zusammenbruch.« Hingegen muß der Therapeut verstehen und auch sagen, daß er versteht, daß es dem Patienten ausgesprochen gefährlich erscheint, sich dem

Therapeuten bzw. dem psychotherapeutischen Prozeß anzuvertrauen.

Wenn der Patient eine Phase erreicht, in der er diese Ängste selbst in Worte fassen kann und weniger in Symptomen zum Ausdruck bringt, geht es in aller Regel zunächst weniger darum, neue Erfahrungen zu machen und auszuprobieren, als darum, zu begreifen, was in der Symptomphase – auch in den vielleicht zurückliegenden psychotischen Phasen – eigentlich los war.

Ausgesprochen kontraindiziert für Psychosekranke sind Psychotherapieverfahren, die »erlebnisaktivierend« in einer Form sind, daß nicht garantiert werden kann, daß neben den erlebensaktivierenden Methoden auch genügend Auffangnetze für das aktivierte Erleben zur Verfügung stehen, Netze, d. h. Gelegenheiten, in denen der Patient sehen kann, daß er in diesem Erleben auch verstanden und akzeptiert wird.

Die meisten Psychotherapeuten, die psychosekranke und psychosenahe Persönlichkeitsstörungen behandeln und behandelt haben, gehen davon aus, daß deren Psychotherapien lange dauern, wenn nicht gar unendlich sind. Das hat sicher viel damit zu tun, daß die sogenannte existentielle Therapiephase bei diesen Patienten dauernd eine Rolle spielt, oder anders ausgedrückt: Fragen nach dem Sinn eines Lebens, in dem immer wieder Gefühle der Leere, Einsamkeit, Schuld, der für immer verpaßten Gelegenheiten und nie gehabten Chancen auftreten sowie die Angst, die den drohenden nächsten Zusammenbruch anzeigt, spielen in psychotherapeutischen Gesprächen mit psychosekranken Menschen immer eine besondere Rolle.

Die zeitliche Ausdehnung der psychotherapeutischen Beziehungen mit psychosenahen Patienten hat ferner viel damit zu tun, daß diese Patienten Trennungen nicht gut ertragen, besonders oft als Bestrafung durch Verlassenwerden und Entwertung ihrer Person erleben, was sie wiederum nicht mit ihrem zerbrechlichen Selbstkonzept vereinbaren können, so daß sie nicht nur auf Urlaube und Erkrankungen ihrer Therapeuten mit psychotischen Episoden reagieren, sondern auch auf ein drohendes Therapieende. Ich habe die Erfahrung gemacht, daß psychosenahe Patienten und ihre Therapeuten auf dem Hintergrund dieser Konstellation selten Psychotherapien abschließen, sondern ausdünnen: Die Patienten kommen immer seltener; wenn die psychotischen Episoden auch seltener werden, gibt es eigentlich auch immer seltener das Bedürfnis, über deren Auslöser zu sprechen, und der Patient vergewissert sich nur noch in regelmäßigem Abstand des Umstandes, daß da ein Therapeut ist, der ihn nicht verurteilt und wegschickt, wenn der Patient ihn braucht.

Zusammenfassung

Die Psychotherapie psychosekranker und psychosenaher Persönlichkeiten beinhaltet eine Erhöhung des Risikos, daß es zu psychotischen Episoden kommt aufgrund von deren spezifischer Vulnerabilität.

Die Wirkung von Psychotherapie basiert darauf, daß im psychotherapeutischen Kontakt bisher vermiedene Erfahrungen gemacht werden und in die innere Ordnung integriert werden.

Bei psychosekranken und psychosenahen Persönlichkeiten kann es dazu kommen, daß der Integrationsprozeß nicht nur an der Rigidität des Selbstbildes scheitert, sondern auch am Zusammenbruch des Selbstbildes, was gleichbedeutend ist mit einer psychotischen Episode.

Bei der Beantwortung der Frage, ob Psychotherapie die richtige Behandlung für einen psychosekranken oder psychosenahen Patienten ist, müssen also die Risiken erneuter psychotischer Dekompensationen durch die Psychotherapie gegenüber den Risiken erneuter Dekompensationen ohne Psychotherapie sorgfältig gegeneinander abgewogen werden.

Bei der Beantwortung der Frage, ob eine bestimmte Psychotherapie bei einem bestimmten Therapeuten in einem bestimmten Setting die richtige für einen Psychosekranken oder eine psychosenahe Persönlickeit ist, muß genau bedacht werden, wie das Verhältnis von erlebnisaktivierenden Verfahren und den Bedingungen für die Integration dieser Erfahrungen in die innere Ordnung in dieser bestimmten Psychotherapie ist.

Verein Psychiatrie-Erfahrener Bielefeld,
Niels Pörksen, Angelika Dietz

Vom Psychiatrischen Testament zum Behandlungsvertrag

Auf dem Weg zu mehr Vertrauen

In Bielefeld gibt es seit dem 1.3.1994 für Psychiatrieerfahrene die Möglichkeit, schriftliche Vereinbarungen mit der Psychiatrischen Klinik zu treffen über die Modalitäten einer möglichen Aufnahme und Behandlung in der Psychiatrischen Klinik.

Die Idee einer solchen Vereinbarung entstand in den vergangenen Jahren sowohl in den Köpfen der Psychiatrieerfahrenen (siehe Diskussion um das Psychiatrische Testament in der Betroffenenbewegung) als auch in den Köpfen der Professionellen (siehe DGSP-Jahrestagungen und Mannheimer Kreis).

Das Anliegen der Psychiatrieerfahrenen war es, in Anlehnung an ähnliche Bestrebungen in der Somatik in gesunden Tagen Festlegungen darüber zu treffen, wie man behandelt werden möchte, wenn man aus unterschiedlichen Gründen nicht mehr Herr seiner Sinne und nicht entscheidungsfähig ist.

Für die Professionellen ging es darum, insbesondere in akuten Situationen die Würde des Patienten zu wahren, ihm mit Respekt zu begegnen. Der Umgang miteinander in diesen kritischen Situationen scheint aus Sicht der Professionellen leichter, wenn der Wille des Patienten schon vorher bekanntgeworden ist und möglicherweise in einem persönlichen Gespräch darüber verhandelt werden konnte, was im Rahmen der Akutbehandlung in der Klinik möglich ist und was nicht.

Da es in Bielefeld seit zwei Jahren eine institutionelle Form der Zusammenarbeit zwischen Psychiatrieerfahrenen, Angehörigen und Professionellen in Form regelmäßiger Kooperationsgespräche gibt, war es nicht schwierig, eine Arbeitsgruppe, bestehend aus fünf Psychiatrieerfahrenen und fünf Professionellen, zu bilden, die sich mit der Erarbeitung einer Rahmenvereinbarung beschäftigte. Verschiedene Entwürfe wurden diskutiert, verändert, in den Gremien der Psychiatrischen Klinik und dem Plenum der Selbsthilfegruppen der Psychiatrieerfahrenen diskutiert, wieder verändert und schließlich verabschiedet. So entstand ein vierseitiges Papier, eine Rahmenvereinbarung, in die die individuell zwischen Klinik und Psychiatrieerfahrenen verhandelten Behandlungsmodalitäten eingetragen werden können.

Wichtig erschien allen Beteiligten, daß nicht die eine Seite einseitig ihren Willen bekundet (wie im Psychiatrischen Testament) oder die andere Seite ihren Spielraum deutlich macht (Psychiatrische Klinik), sondern individuelle Vereinbarungen in persönlichen Gesprächen entstehen.

Im ersten Abschnitt der Rahmenvereinbarungen geht es um die Vertrauensperson, die vom Psychiatrieerfahrenen eingesetzt werden kann, um für ihn/sie Entscheidungen zu treffen, Informationen entgegenzunehmen und weiterzuleiten. Die/der Psychiatrieerfahrene kann die Klinik gegenüber der Vertrauensperson von der Schweigepflicht entbinden.

Unter der Überschrift »Kontakte« wird festgelegt, welche Personen in den ersten Tagen der Behandlung viel Zeit mit dem Patienten verbringen sollen, möglicherweise auch über die gewohnten Besuchszeiten hinaus und welche Personen der/die Psychiatrieerfahrene auf keinen Fall sehen will.

Im nächsten Abschnitt geht es um Medikamente und Notfallmaßnahmen. Hier soll festgehalten werden, welche Medikamente bisher in Krisen geholfen haben und welche nicht.

Wer Medikamente oder Medikamentengruppen generell ablehnt, kann in der Rahmenvereinbarung dies ankreuzen. Gemeinsam wird dann vereinbart, wieviel Tage abgewartet werden kann bis zu einer Medikamentengabe, die wiederum vereinbart wird.

Offen bleibt, ob eine generelle Ablehnung aller Medikamente (vor allem der Neuroleptika) von allen Beteiligten durchgehalten werden kann.

Bei den Notfallmaßnahmen geht es sicherlich um den brisantesten Teil der Vereinbarung. Schon bei der Wahl der Begriffe gab es Schwierigkeiten: Nennen wir das Kind beim Namen und formulieren »Zwangsmaßnahmen«, wenn es sich um solche handelt, oder wählen wir die etwas beschönigende Formulierung »Notfallmaßnahmen«? Ausschlaggebend für die Bezeichnung »Notfallmaßnahmen« war der Wunsch nach einer nicht stigmatisierenden, nicht entwürdigenden Formulierung und einer damit verbundenen respektvollen Haltung.

In der Vereinbarung über Notfallmaßnahmen wird zunächst festgelegt, welche Alternativen ausprobiert werden sollen, sofern eine Notfallmaßnahmen unumgänglich zu sein scheint.

Bei den Notfallmaßnahmen selbst (Ausgangsbeschränkung, Fixierung, Isolierung, Zwangsmedikation, Einzelbetreuung) können Prioritäten gesetzt werden.

Im letzten Teil der Rahmenvereinbarung geht es um die soziale Situation, die im Falle einer Klinikaufnahme zu beachten ist: z. B. ist die Wohnung verschlossen, sind Ratenzahlungen zu tätigen, wie soll der Kontakt zum Arbeitgeber aussehen, sind wichtige Termine abzusagen, sind Kinder zu versorgen?

An den Gesprächen über die individuellen Vereinbarungen zwischen einzelnen Psychiatrieerfahrenen und der Klinik nehmen neben dem/der Psychiatrieerfahrenen und ihrer Vertrauensperson der zuständige Sektoroberarzt, ein Pflegedienstmitarbeiter und ein Mitarbeiter des Psychosozialen Dienstes des Sektors teil. Die Gespräche finden auf der Station statt, die, sofern es zu einer Aufnahme des Psychiatrieerfahrenen in die Klinik kommen sollte, zuständig ist.

Die Vereinbarung wird von allen am Gespräch Beteiligten persönlich unterschrieben. Es handelt sich um eine freiwillige Vereinbarung aller Beteiligten. Ein Exemplar behält der/die Psychiatrieerfahrene, ein weiteres wird an zentraler, auch nachts für diensthabende Ärzte gut erreichbarer Stelle in der Psychiatrischen Klinik aufbewahrt.

Sowohl bei den MitarbeiterInnen der Klinik als auch bei den Psychiatrieerfahrenen werden die Rahmenvereinbarung und die damit verbundenen individuellen Vereinbarungen positiv bewertet. Natürlich gibt es auch kritische Stimmen: z. B. aus der Klinik »Demnächst bestimmen die Patienten, was hier passiert!« oder von Psychiatrieerfahrenen »Wir treffen Vereinbarungen mit einer Institution, die wir eigentlich grundsätzlich ablehnen.«

Nicht zu übersehen ist der therapeutische Effekt der individuellen Vereinbarungen: Die Psychiatrieerfahrenen setzen sich intensiv mit ihren bisherigen Krisen, den Erfahrungen bei psychiatrischer Behandlung, ihren Wünschen und Problemen auseinander. Die zukünftigen Behandler lernen ihre zukünftigen PatientInnen, ihre Vorlieben, Erfahrungen und Eigenheiten nicht in der akuten Krise, sondern in einem persönlichen Gespräch kennen, das gekennzeichnet ist von gegenseitigem Respekt und Interesse an einem Verhandlungsergebnis.

Der vernünftige Umgang miteinander, eigentlich eine Selbstverständlichkeit, wurde durch den sensiblen Abbau von Feindbildern in den Begegnungen der vergangenen Jahre möglich. So ist es nun auch möglich, mit kühlem Kopf heiße Situationen im voraus zu überdenken.

Viele Fragen sind noch offen:

● Können die im Gespräch getroffenen Vereinbarungen wirklich in die Tat umgesetzt werden, wenn es zu einer akuten Aufnahme kommt? Wie ist es zu gewährleisten, daß sich alle an der Behandlung beteiligten Mitarbeiter um die Erfüllung der Vereinbarung bemühen?

● Wie werden wir damit umgehen, wenn in der akuten Situation die Psychiatrieerfahrenen andere Dinge einfordern als in der Vereinbarung festgelegt?

● Wie werden die Angehörigen damit umgehen, wenn in der Vereinbarung Dinge festgelegt werden, mit denen sie nicht einverstanden sind und die sie vielleicht aus Erfahrung besser wissen?

● Wird die Klinik mit den Erkenntnissen aus den Vereinbarungen ihre Hilfsangebote wandeln?

Die Vereinbarung ist als Muster auf den Folgeseiten dokumentiert.

VEREINBARUNG
zwischen der
Psychiatrischen Klinik und

_____

Name, Vorname, Geb.-Dat.

_____

Anschrift / Telefon

In einem Gespräch am _____ wurden folgende Vereinbarungen getroffen:

1. Herr / Frau _____ beauftragt seine / ihre Vertrauensperson,

_____

Name, Anschrift, Telefon
alle Angelegenheiten, die er / sie nicht selbst wahrnehmen kann, zu übernehmen.
Die Vertrauensperson soll möglichst von Anfang an hinzugezogen werden. Ihr
gegenüber entbindet Herr / Frau _____
die Klinik von der Schweigepflicht und ermächtigt die Vertrauensperson,
○ Daten weiterzugeben,
○ Daten von Institutionen und Sozialleistungsträgern abzufragen.

Falls die oben genannte Vertrauensperson nicht erreichbar ist, soll

_____

Name, Anschrift, Telefon
ihre Vertretung übernehmen.

Behandelnder Psychiater und ambulante Dienste: _____

_____

2. Kontakte

Folgende Personen sollen in den ersten Tagen möglichst viel Zeit mit ihr / ihm
verbringen: _____

_____

Mit folgenden Personen möchte sie / er keinen Kontakt haben, auch wenn diese
von sich aus in die Klinik kommen: _____

_____

Diese Personen dürfen auf Nachfrage keine Information darüber bekommen,
daß sie / er sich in der Klinik befindet.
Weitere Kontaktabsprachen (z. B. Besuch eines Vertreters der Religionsgemein-
schaft): _____

_____

3. Aufnahme und Behandlung

Herr / Frau _____ wohnt im Sektor _____ Von den beiden Sektorstationen ist für Aufnahme und Behandlung Station _____ vorgesehen. Als Bezugspersonen sind gewünscht: _____

In der Aufnahmesituation ist für sie / ihn folgendes hilfreich (z. B. in Ruhe gelassen werden, möglichst nicht allein sein, Gespräche): _____

_____

○ Frau _____ sollte möglichst von weiblichen MitarbeiterInnen aufgenommen und behandelt werden.

Weitere Hinweise für die Behandlung (z. B. Umgang mit Suizidalität, Umgang mit vorschnellen Entlassungswünschen): _____

_____

Besondere Wünschen an den Therapieplan: _____

_____

Eine Selbsteinschätzung von Herrn / Frau _____ und / oder eine Darstellung der eigenen Entwicklung liegt ggfs. dieser Vereinbarung bei.

4. Medikamente und Notfallbehandlung

Herr / Frau _____ nimmt zum Zeitpunkt der Vereinbarung folgende Medikamente: _____

In der Krise haben bisher folgende Medikamente besonders gut geholfen:

_____

Nicht geholfen hat: _____

○ Sie / Er lehnt die Einnahme folgender Medikamente bzw. Medikamentengruppen ab: _____

_____

Sofern nach _____ Tagen eine Besserung nicht eingetreten ist, ist sie / er bereit, folgende Medikamente zu nehmen: _____

_____

Bei der Medikamenteneinnahme bevorzugt sie/er folgendes:
○ Tabletten/Dragees   ○ Tropfen   ○ Spritze   ○ Depot

Gründe _____

Auf keinen Fall möchte sie/er _____

Falls während der Behandlung psychiatrische Notfallmaßnahmen notwendig erscheinen, soll vorher folgendes versucht werden (z.B. Spaziergang, Rauchen, Gespräch, Vertrauensperson hinzuziehen): _____
_____
_____

Falls Notfallmaßnahmen unumgänglich sind, ist folgende Reihenfolge anzustreben (bitte mit Nummer kennzeichnen) und folgendes zu beachten:
____ Ausgangbeschränkung _____
____ Zwangsmedikation _____
____ Fixierung _____
____ Isolierung _____
____ Einzelbetreuung _____
_____
_____

Bei Notfallmaßnahmen soll möglichst _____ benachrichtigt werden.

○ Die vorhandene Dokumentation über die Notfallmaßnahme soll im Rahmen einer Nachbesprechung gemeinsam eingesehen und besprochen werden.

5. Soziale Situation

Bei Herrn/Frau _____ ist folgendes zu klären
– Wohnung
    ○ Situation im Haus mit Nachbarn (Hausfrieden)
    ○ Ist die Wohnung abgeschlossen?
    ○ Hausdienste
    ○ Licht   ○ Gas   ○ Wasser   ○ Strom
    ○ Inventar   ○ Pflanzen   ○ Tiere
– Finanzen
    ○ anstehende Ratenzahlungen
    ○ Rückgängigmachen von Kaufverträgen
    ○ Überziehung des Bankkontos, Absprachen mit der Bank
– Fahrzeuge absichern
– Arbeitgeber/Schule: _____
_____
Name, Anschrift, Telefon
    ○ Krankmeldung ohne Kennzeichnung »Psychiatrische Klinik«

Der Kontakt mit dem Arbeitgeber soll wie folgt aufgenommen werden:

_____

– Kinder
  Ich habe folgende Kinder: _____

_____

  Name, Geb.-Datum
– Ich bitte, mit
  ○ der Krankenkasse _____ gemäß § 38 SGB V die Haushalts-
    hilfe und, falls da keine Lösung gefunden werden kann,
  ○ dem Jugendamt weitere Hilfen abzuklären
– Ich habe für folgende Personen Verpflichtungen übernommen: _____

_____

– Wichtige Termine und Ereignisse, die beachtet werden müssen (z. B. Prüfun-
  gen für Ausbildung und Studium): _____

_____

Sonstige Vereinbarungen: _____

_____
_____
_____
_____
_____
_____

Diese Vereinbarung kann jederzeit auf ihre Gültigkeit hin überprüft werden.
Sollten sich bei einem der Vereinbarungspartner grundlegende Dinge ändern,
wird er sich mit dem anderen in Verbindung setzen.

Bielefeld, den _____

_____   _____
Psychiatrieerfahrene / r   Vertrauensperson

_____   _____   _____
Ärztlicher Dienst   Pflegedienst   Psychosozialer Dienst

Thomas Bock

Gratwanderung
Zehn Thesen zum Umgang mit Psychosen

Genießen Sie die folgenden Zeilen mit äußerster Vorsicht. Widersprechen Sie innerlich auf das heftigste. Letztlich ist es notwendig, daß der einzelne, der im Umgang mit einer Psychose (bei sich oder anderen) gefordert ist, zu einer für ihn bzw. seine Angehörigen, bzw. seinen Aufgabenbereich passende Haltung findet. Wenn er oder sie dann noch möglichst wenig Realität ausblendet, um so besser. Jede Psychose hat ihre individuelle Ausprägung und ihre höchst eigene biographische Geschichte (vergl. die 20 Thesen zum Wesen einer Psychose im Buch »Stimmenreich«). Entsprechendes gilt natürlich auch für den Umgang mit Psychosen.

Wenn ich im folgenden versuche, Thesen für den Umgang mit Psychosen aufzustellen, dann möchte ich mich bemühen, Psychose-Erfahrene, Angehörige und Profis gleichzeitig im Sinn zu haben und anzusprechen. Das Ziel ist es, diese jeweils verknüpften Personen ins Gespräch miteinander zu bringen. Allgemeine Wahrheiten und allgemeine Regeln gibt es in diesem Bereich nicht.

Die Nullregel

Das professionelle Wissen über Psychosen ist dürftig. Professionelle Mitarbeiter, die nach allgemeinen Regeln für den Umgang mit Psychosen suchen, landen bei vereinfachenden Platitüden oder in heilloser Verwirrung und auf beiden Wegen schließlich bei der Frustration ihrer guten Absichten.

Angehörige sind im Umgang mit psychotischen Menschen ebenfalls häufig ratlos und verwirrt. Das Geschehen des Gegenübers scheint sich zu übertragen. Es ist in seinen Wurzeln mit der eigenen Lebensgeschichte so vielfältig verwoben, daß es unendlich schwerfällt, sich auf sich selbst zu besinnen, obwohl es besonders nötig ist.

Die Verunsicherung, die Mitarbeiter und Angehörige erfahren, erlaubt eine winzige Ahnung von dem, was sich in einem psychotischen Menschen abspielt. Ihre Orientierungslosigkeit spiegelt das individuelle Chaos und zugleich die Brüchigkeit familiärer und gesellschaftlicher Einbindung. Hat sich dieser Zustand in einer Psychose verdichtet, ist es schwer, sich der Verunsicherung zu entziehen.

Ein Handeln kann sich also letztlich nur ergeben aus dem Versuch, die jeweils einzelne Situation zu verstehen, auch wenn die Situationen Gemeinsamkeiten haben.

Auf dieser Grundlage die folgenden Thesen:

1. Versicherung

Wenn eine Psychose u. a. eine Verunsicherung des Selbstbewußtseins, vielleicht auch den Verlust von eigenen Grenzen bedeutet, dann macht es keinen Sinn, wenn die umgebenden Menschen »selbst-los« handeln. Im Gegenteil ist es so schwierig wie wichtig, sich auf sich selbst zu besinnen, die eigene Position und die eigenen Interessen zwar zu reflektieren, aber die eigene Klarheit nicht aufzugeben. In diesem Sinne Selbstbewußtsein zu zeigen, heißt nicht Stärke um jeden Preis, sondern hat viele verschiedene Facetten.

Für die Betroffenen kann dieser Zustand erfordern, Räume aufzusuchen und zu pflegen, die »selbstverständlich« sind, Personen um sich zu haben, die wohlwollend sind, ohne zu nahe zu kommen, einen Rhythmus zu bewahren, der Halt gibt, ohne zu unter- oder zu überfordern.

Notwendig ist eine Gratwanderung zwischen der Versuchung, den anderen zu bestimmen, und der Gefahr, ihn in die Leere laufen zu lassen. Notwendig ist vor allem Respekt dem Menschen gegenüber. Die Angst, verrückt zu werden oder zu sein, vergrößert sich im Spiegel der Ablehnung durch andere.

2. Vergewisserung

Wenn eine Psychose die Veränderung der Wahrnehmung bedeutet (im Sinne von Erweiterung oder Beeinträchtigung), eine Entfremdung von der Realität, so kann das einen komplizierten Prozeß der

Vergewisserung notwendig machen, der am besten beim Einfachsten und Naheliegendsten beginnt. Die diagnostische Frage: »Welcher Tag ist heute?«, bekommt als Feststellung eine andere Bedeutung: »Heute ist der Soundsovielte. Lassen Sie uns rekonstruieren, was zuletzt passiert ist und was Sie noch erinnern.«

In dieser Phase macht es wenig Sinn, Wahrheiten zu behaupten oder zu bewerten. Notwendig ist, den eigenen Realitätsbezug zu bewahren *und* die Wahrheit des anderen für wahr zu halten, d.h. Respekt zu signalisieren für die Wahrnehmungen des anderen ohne Anbiederung und Selbstverleugnung.

3. Entwicklung

Wenn eine Psychose auch so etwas ist wie eine Rückbesinnung auf frühere Entwicklungsstufen, die (scheinbar) aktuell mehr Sicherheit bieten, dann wird so ein tiefer seelischer Konflikt möglicherweise vorübergehend aufgehoben und zugleich aber auch verschärft. Die Gleichzeitigkeit verschiedener physischer und psychischer Entwicklungsstufen bedeutet für den Betreffenden, vor allem aber für seine Angehörigen und eingeschränkt auch für die Profis, eine schwierige Balance zwischen den beiden Polen, einerseits Respekt zu zeigen für kindliche oder pubertäre Bedürfnisse, für erotische oder agressive Spannungen *und* andererseits die reale Person des anderen, die realen Beziehungen der Gegenwart und nicht zuletzt die erreichte eigene Entwicklung zu achten.

Auf dieser Basis lassen sich dann auch vorsichtig die Regeln bestimmen, über deren Gültigkeit noch Übereinstimmung herrscht, z. B. Straßen bei grün zu überqueren.

4. Rätsel

Wenn Psychosen Rätsel aufgeben, so steckt darin auch die Chance, mehr über sich (als Betroffener, Angehöriger, Profi) und mehr über die Wahrnehmungen des anderen und die Bedingungen des Zusammenlebens zu erfahren. Das kann schmerzhaft und befreiend sein. Die psychotische Kommunikation kann der einzige Ausweg aus diesem Dilemma sein. Alle sind gefordert, ihre Wahrnehmung zu vervollständigen und mehr von sich wahrzumachen. Die jeweils eigenen Fragen und Antworten zu finden, ist sicher nicht leicht. Wechselwirkungen festzustellen, ohne Schuld zu verteilen, ist eine hohe Kunst, die möglicherweise erst mit größerem zeitlichen Abstand gelingen kann.

5. Existenzsicherung

Wenn eine Psychose zum Verlust der eigenen Grenzen führt, kann das große Gefahr bedeuten. Eher für den Betreffenden und seltener auch für andere. An dieser Stelle ist Gegnerschaft gefordert. Die Orientierung an den Grenzen anderer kann die einzige Orientierung sein. Die Sicherung der eigenen Existenz kann vom Handeln anderer abhängen. Für den anderen Gegner/Gegenüber zu sein, ohne ihn klein zu machen, ist eine schwierige Aufgabe.

6. Ängste

Wenn Psychosen mit panischen Ängsten zusammenhängen, so können sich diese quasi durch die Poren auf andere übertragen. Das macht es schwer, Notwendiges zu verwirklichen: räumlicher Schutz, Ruhe ohne neue angstauslösende Reize, körperliche Nähe ohne Grenzüberschreitung, Anwesenheit ohne Forderung, Gelassenheit und Geduld. Ökologische Faktoren wie Raum, Ruhe und Zeit sind dabei mindestens genauso wichtig wie persönliche Eigenschaften: Sein zu dürfen, wie man ist. Sich irgendwo aufgehoben fühlen, wo nicht noch zusätzliche Bedrohung herrscht.

Zu einem späteren Zeitpunkt kann es wichtig sein, die Ängste zu sortieren: Was kommt aus dem eigenen Inneren und wird aus welchen biographischen Ereignissen gespeist? Was kommt von außen an realer Menschheitsbedrohung und dringt durch »psychotische« Wahrnehmung gesteigert und ungeschützt ins Innere? Die Suche erfordert Aufmerksamkeit für die Grenzen des anderen. Sie bedeutet eine Gratwanderung zwischen der Aufdeckung und der Beruhigung von Angst.

Es wird oft verkannt, daß manchmal die Angst zeitlich vor dem Ausbruch der Psychose stärker ist als in der akuten Phase, daß sie also durch diese abgelöst oder umgewandelt werden kann. Das legt nahe, die Psychose auch als eine Art Problemlösungsversuch zu sehen. Dieser Aspekt ist gerade für Angehörige, aber auch für Profis schwer wahrzunehmen, obwohl er mehr Gelassenheit ermöglicht.

7. Kontakt

Wenn eine Psychose aus menschlicher Isolation erwächst oder wenn sie sich in Isolation verstärkt, so ergibt sich daraus die Notwendigkeit wie auch die Schwierigkeit, den Kontakt zu halten bzw. herzustellen. Dies geschieht oft in einem langwierigen Ringen. Angehörige sind in dieser Situation besonders wichtig. Aber sie sind andererseits aufgrund der unleugbaren Enttäuschung über den Kontaktabbruch besonders belastet. Auch scheinbar banale Kontakte können dabei wichtig sein, wenn sie »selbstverständlich« sind, auch seltene, wenn sie verläßlich sind. Alltäglichen Kontakt zum Nachbarn, Milchmann, Postboten usw. haben den Vorteil, daß sie »ungefährlich« erscheinen und nicht so sehr mit (wechselseitiger) Enttäuschung verbunden sind.

In diesem Sinne Kontakt zu halten bzw. zu bekommen, ist schwierig, weil zwischen der notwendigen Nähe und der gefürchteten Grenzüberschreitung oft nur Millimeter liegen. In dieser Situation brauchen Angehörige und Profis eine Abstützung in Angehörigen- oder Balint-Gruppen, um den Kontakt zu sich selbst nicht zu verlieren.

8. Grenzen des Verstehens

Wenn ein Mensch sich in der Psychose unverständlich macht, so schützt er sich damit auch vor dem Verstehen. Gewissermaßen prüft er das Bemühen der anderen um Verständnis und entflieht gleichzeitig in einen Bereich, in den letztlich niemand folgen kann. Das bedeutet Einsamkeit *und* Eigenheit / Unangreifbarkeit. Menschen in Psychosen senden somit eine Doppelbotschaft aus, die zutiefst menschlich ist, weil sie letztlich das Spannungsfeld konzentriert, dem wir alle ausgesetzt sind, dem Spannungsfeld zwischen dem sozialen Angewiesensein und der unausweichlichen Einsamkeit eines jeden Menschen. Um Verständnis zu ringen, ohne Verstehbarkeit zu fordern, also die Eigenheit des anderen zu respektieren, erfordert eine große Genauigkeit mit sich selbst.

9. Unterbewußtsein

Möglicherweise haben neurotisch geplagte Menschen zu viel im Unterbewußtsein abgelagert und zu wenig Zugang mehr von dort ins Bewußtsein. Möglicherweise ist es bei psychotischen Menschen umgekehrt: D. h. sie konnten und können zu wenig dort »loswerden« bzw. werden zeitweilig von dort so überschüttet, daß ihre Realität und Personalität fortgerissen wird. Wenn das so ist, könnte es notwendig sein, diese Einbahnstraße zu öffnen. Psychotherapeutisch notwendig ist der Balanceakt zwischen der Notwendigkeit der schmerzlichen Erinnerung und der Förderung des »Vergessens«.

10. Kreativität / Symbole

Einen Ausdruck seiner selbst zu finden, ohne sich mit der verwirrenden Vielschichtigkeit der eigenen Person ständig rational zu befassen, kann kreatives Tun erlauben.

Möglicherweise ist es gerade in Psychosen wichtig, Wege der Veröffentlichung des inneren Zustands zu finden, ohne die Intimität preiszugeben. Das kann z. B. in symbolischen Handlungen geschehen. Insofern signalisieren Psychosen sowohl kreative Fähigkeiten als auch den Wunsch nach einer (neuen) symbolischen Ordnung. Zu akzeptieren ist dabei, daß symbolhafte kreative Sprache Ausdrucksmittel und Versteck zugleich ist.

Anton F.

Spiel, Satz und Leben
Anstelle eines Nachworts

Unser Land verfügt über einen, wie man sagt, hervorragenden Tennisspieler, um nicht zu sagen: einzigartigen, wunderbaren, genialen, göttlichen, um nur einige Wörter unserer Gazetten wiederzugeben. Unser Land ist nicht groß, eher klein, aber sehr reich. Und mit einem großen Bedürfnis nach Bedeutung. So war dieser Tennisspieler das Beste, was uns zustoßen konnte. Denn wie ein Zufall erschien es uns, waren wir doch unfähig zu begreifen, daß eigentlich unser Volk es war, das diesen Tennisspieler hervorgebracht hatte. Er war wie das einem Bienenkorb eingeborene Kind, das wegen seiner Vollkommenheit von allen Bienen bewundert wurde. Ich sage von allen: denn auch ich machte zunächst keine Ausnahme. Und es war auch kein anderer da, der sich davon ausgenommen hätte.

Eines Tages – das Bild des ballspielenden Helden prangte wieder einmal von allen Litfaßsäulen und Plakatwänden, allen Zeitungen und Fernsehern, kurz beherrschte alle Medien zwischen sich und uns – sagte meine Frau zu mir in ihrer lasziven Stimmung, die sie immer nach dem Mittagessen befällt: »Und wenn er unser halbes Volk auslöschen würde, ich würde ihn immer noch lieben.«

»Das würde er nie im Leben tun«, rief ich voller Empörung aus.

»Er könnte es ruhig tun«, beharrte sie. »Niemand würde ihn deshalb belangen.«

»Aber warum sollte er?« wand ich mich verzweifelt. »Aus welchem Grund –«, aber ich verschluckte den Rest, denn das Gesicht meiner Frau war voll einer solchen Ablehnung, wie ich sie noch nie bei ihr gesehen hatte.

Es vergingen mehrere Tage. Meine Frau machte den Eindruck, als ob sie auf etwas wartete. Eines Tages – sie saß am Toilettentisch – sah ich, wie sie einen Brief, den sie offenbar gerade gelesen hatte, in eine Schublade legte und sich dann wie geistesabwesend erhob. Von nun an verlor sie nie wieder diesen eigenartigen Ausdruck von Feindseligkeit und endgültiger Ablehung, wie ich ihn damals in unserem Gespräch das erste Mal bei ihr beobachtet hatte. Nie wieder sprach sie von unserem Tennisspieler oder hätte auf eine meiner diesbezüglichen Bemerkungen geantwortet.

Es war Sonntag, meine Frau deckte den Mittagstisch. In seltsamen tranceartigen Bewegungen. Als gäbe es nichts anderes auf der Welt, stellte sie eine Ordnung von Tellern, Besteck und Gläsern her, die das Gericht, das uns bestimmt war, umgab. Als wäre sie provoziert durch die außerirdische Gelassenheit, sprang unsere Siamkatze mit aggressivem Gemau auf den Tisch. Bevor ich es verhindern konnte, war sie schon über dem Braten und leckte die Sauce. Panikartig stürzte ich dazu und riß sie herunter. Noch in meinen Händen starb sie. Ich starrte sie an. Was war passiert?

»Wollen wir nicht essen?« fragte meine Frau mit versteinertem Gesicht.

Ich war verwundert, daß sie nicht darauf kam, den Braten zu reinigen, den die Katze mit ihrer Zunge berührt hatte. Im ersten Augenblick dachte ich gar nicht an den Tod unserer Katze. Ich war in einem gedanklich fernen Zustand. Ich sah in das Gesicht meiner Frau. Meine Frau befahl mir zu essen. Meine Katze ist tot. Sie hat von der Sauce gegessen. Ich soll von der Sauce essen. Ich stand auf. Ich ging weg. Ich kam nie wieder zurück.

Ich ging in ein fernes Land. Als ich zwei Jahre dort gelebt hatte, sah ich meine Frau. Sie ging am Arm des Tennisspielers, der ein Gastspiel in der Stadt geben sollte. Er war gerade damit beschäftigt, Menschen totzuschießen, wozu man ihm die Erlaubnis gegeben hatte. Plötzlich deutete meine Frau auf mich. Der Tennisspieler hob den Revolver und zielte. Aber in dem Gesicht meiner Frau stand Angst. Da drückte ich ab. Der Tennisspieler sank zusammen. Meine Frau habe ich nie wieder gesehen, aber ich fühle, daß ich von ihr befreit bin.

Anhang

»Die richtig geordnete Erfahrung zündet erst das Licht an und zeigt dann bei Licht den Weg.«
Bacon, Neues Organon 1, 82

Psychose-Seminare im Überblick

Bamberg
Soz.-Psych. Dienst (Sozialdienst Kath. Frauen – Bamberg e. V.)
OASE, Luitpoldstraße 28
96052 Bamberg
Tel.: 0951/868543
Moderation: Franz Troppmann, Agnes Riedl-Schirmer

Bayreuth
Soz.-Psych. Dienst des Diakonischen Werkes
Brunnenstraße 4
95444 Bayreuth
Tel.: 0921/21058
Moderation: Dr. Heike Schulz

Berlin – Ost
Psychosoziale Kontakt- u. Beratungsstelle
(Diakonisches Werk Berlin–Brandenburg e. V.)
Talstraße 18
13189 Berlin
Tel.: 030/4724029
Moderation: Annette Simon, Holger Vulturius
Ansprechpartner: Eckart Pengel
Neumannstraße 111
13189 Berlin

Berlin – West
Psychologisches Institut FUB
Uferstraße 14
13357 Berlin
Tel.: 030/4656063
Moderation: Prof. Manfred Zaumseil

Bielefeld
Volkshochschule der Stadt Bielefeld
Heeper Straße 37
33607 Bielefeld

Tel.: 0521/51-3307
Fachbereich 3 (Gesundheit und Umwelt)
Moderation: Angelika Dietz, Wolfgang Schönherr
Ansprechpartner: Holger Dietrich

Bremerhaven
Volkshochschule
Lloydstraße 15
27568 Bremerhaven
Tel.: 0471/5902841
Moderation: Jörn Taeger, Klaus-Dieter Hahn

Bruchsal
Gemeindepsychiatrie
(Caritasverband für den Landkreis Karlsruhe)
Friedhofstraße 11
76646 Bruchsal
Tel.: 07251/8008-10
Moderation: Tatjana Fischbach, Wolfgang Leitz

Duisburg
Volkshochschule in Verbindung zum Bertha-Krankenhaus,
Psychiatr. Abteilung von Professor Drees
König-Heinrich-Platz
47051 Duisburg
Tel.: 02065/258320
Moderation: Julia Ziskoven, Andreas Scholz

Esslingen
Fachhochschule der Stadt Esslingen
Postfach 269
73726 Esslingen
in Verbindung mit dem Gemeindepsychiatrischen Verbund
Ritterstraße 16
73728 Esslingen
Moderation: Jutta Mees-Jacobi, Petra Engelhardt, Marion Maier

Göppingen
Sozialpsychiatrischer Dienst Göppingen
Stuttgarter Straße 5B

73033 Göppingen
Moderation: Ulrike Bittner, Günter Knoll

Hamburg
Psychiatrische und Nervenklinik UKE
Martinistraße 52
20246 Hamburg
Tel.: 0 40 / 47 17 – 32 26
Moderation: Dr. Thomas Bock

Heppenheim
Ambulante Psychiatrie-Kh Heppenheim
Ludwigstraße 54
64646 Heppenheim
Tel.: 0 62 52 / 16 – 4 11
Moderation: Frau Dr. Meister,
Friedburg Lorenz (Helsekon-Klub e. V. – Friedrich-Ebert-Str. 8)
Constantin Gatterburg (SPDi – c / o Kreisgesundheitsamt Heppen-
heim)

Mannheim
DGSP-Regionalgruppe und DGSP Baden-Württemberg
Moderation: Diana Drexler,
Neckarstraße 19 A
68259 Mannheim
Tel.: 06 21 / 79 86 49
Christa Rothenberger, St. Anna-Haus
Tel.: 06 21 / 8 70 11
Wolfgang Abshagen

München
Psychologisches Institut der Universität München
Leopoldstraße – Raum 1302
Tel.: 0 89 / 21 80 – 51 85
Moderation: Dr. Heinrich Berger
Kiesweg 9
80999 München
Tel.: 0 89 / 8 13 13 14

Nürtingen
Sozialpsychiatrischer Förderkreis Nürtingen e. V.
Stuttgarter Straße 2
72622 Nürtingen
Moderation: Gunhild Ilisei
Friedhofstraße 18
72622 Nürtingen
Tel.: 0 70 22 / 47 12 91 (Privat ab 18 Uhr)
      0 70 22 / 78 – 37 13 oder 78 – 37 61 (dienstlich)

Schwäbisch Hall
Sozialpsychiatrischer Dienst (Ev. Kirchenbezirke)
Am Schuppach 5
74523 Schwäbisch Hall
Tel.: 07 91 / 7 20 04
Moderation: Eberhard Müller, Marianne Herold

Stuttgart
Sozialpsychiatrische Dienste Freiberg und Cannstatt
Ort: Ev. Gesellschaft Stuttgart
Büchsenstraße 34 – 36, Raum 163, 1. Stock
Moderation: Evi Bossler-Schulz
Maurenstr. 16
72555 Metzingen
Tel.: 0 71 23 / 46 57
Sylvia Fahr-Armbruster
Weinklinge 35 A
70329 Stuttgart
Tel.: 07 11 / 42 99 16

Tübingen
Universität Tübingen
Lehrstuhl für Erziehungswissenschaften
Prof. Dr. Seybert
Postfach
72076 Tübingen
Moderation: Doris Gerwin
Max-Planck-Straße 32
72555 Metzingen

Wiesbaden
Psychosoziale Arbeitsgemeinschaft Wiesbaden
Rathaussaal
Schloßplatz 6
65183 Wiesbaden
Tel.: 06 11 / 31 – 1
Moderation: Alexa Köhler-Offierski

In Vorbereitung:
Rastatt
Sozialpsychiatrischer Dienst
(Caritasverband für den Landkreis Rastatt e. V.)
Postfach 13 21
76403 Rastatt
Ansprechpartner: Clemens Janosch
Tel.: 0 72 22 / 7 75 – 17

(Stand: Ende Mai 1994)

Wir bitten, uns neu entstehende Psychose-Seminare zu melden. Bitte senden Sie Ihre Informationen an: Dr. Thomas Bock, Universitätskrankenhaus Hamburg-Eppendorf, Martinistraße 52, 20246 Hamburg.
Wir werden diese Liste ständig aktualisieren und auf Anfrage verschicken bzw. an geeigneter Stelle veröffentlichen.

Dorothea Buck (links), Thomas Bock, Ingeborg Esterer

Autorinnen und Autoren

Annemarie B., Dr. med., 54, Psychiaterin in der ehemaligen DDR

Eva-Maria Biermann-Ratjen, 45, Dipl. Psychologin, Universitäts-krankenhaus Hamburg-Eppendorf

Nikola Bock, 31, Historikerin, Hamburg

Thomas Bock, Dr. phil., 40, Dipl. Psychologe, Universitätskran-kenhaus Hamburg-Eppendorf, Martinistr. 52, 20246 Hamburg, Tel.: 040/4717–3226

Dorothea Buck, 77, Bildhauerin, Brummerskamp 4, 22457 Hamburg

Angelika Dietz, 42, Dipl. Psychologin, Bielefeld

Alfred Drees, Prof. Dr. med., 64, Klinik für Psychiatrie, Bertha-Krankenhaus Duisburg

Ingeborg Esterer-Wandschneider, Dr. phil., Journalistin, Angehörige, Cranachstr. 39, 22607 Hamburg

Elisabeth F., 34, Dipl. Psychologin, Köln

Anton F., 35, Literaturwissenschaftler, Hamburg

Susanne Hättich, 42, 20 Jahre verheiratet, drei Kinder und seit 14 Jahren Hausfrau und Mutter

Karoline Holderbusch, 30, Ärztin, Hamburg

Anna K., 42, Hausfrau, Hamburg

Heidi Lindner, 56, Pensionärin

Thomas O., 35, Postangestellter

Guido Peltzer, Dr. med., 41, Klinik für Psychiatrie, Bertha-Krankenhaus Duisburg

Niels Pörksen, Dr. med., 60, Chefarzt der Psychiatr. Klinik der von Bodelschwingh'schen Anstalten

Leonie S., Alter und Wohnort unbekannt

Gyöngyvér Sielaff, 32, Psychologiestudentin, Hamburg

Reinhard St., 35, Informatiker, Hamburg

Gertrud Türk, 49, Musiklehrerin, Tübingen

Dieter W., 58, Sachbearbeiter, berentet, Hamburg

Hans Wimm, 29, Norderstedt

Auflösung des Ratespiels zu typisch männlichen und weiblichen Psychoseinhalten (s. S. 78/79):

1 – m	3 – w	5 – m	7 – w	9 – m
2 – m	4 – w	6 – w	8 – w	10 – m

Bock/Deranders/Esterer

Stimmenreich
Mitteilungen über den Wahnsinn

Der Titel bedeutet mir jetzt: ein Buch, reich an Stimmen. Viele verschiedene Meinungen über Psychosen, viele noch nicht einlösbare Rezepte und ungeheuer viel Erleichterung darüber, im Psychose-Seminar sprechen und zuhören zu können. Ohne Zweifel ist dieser kleine, gut lesbare Band ein Novum. So gebündelt und stimmenreich war bisher über Psychosen nicht zu lesen.

Ilse Eichenbrenner in: Soziale Psychiatrie Dez. '92

Th. Bock
J. E. Deranders
I. Esterer

Stimmen.reich

Mitteilungen
über den Wahnsinn

Rat!schlag
3-88414-138-4, 232 S., 24.80 DM
(25.80 sFr, 194 öS)

Das Buch des Hamburger Psychose-Seminars , in dem Psychose-Erfahrene, Angehörige und Professionelle sich über den Wahnsinn zu verständigen versuchen, liegt jetzt in der 4. Auflage vor (1994).